Dorothee Dziewas

Im Loslassen liegt die Kunst des Aufbruchs

DOROTHEE DZIEWAS

Im Loslassen liegt die Kunst des Aufbruchs

TEXTE UND ANREGUNGEN
FÜR WANDERER UND PILGER

neukirchener
aussaat

MIX
Papier aus verantwortungsvollen Quellen
FSC® C006701

Dieses Buch wurde auf FSC®-zertifiziertem Papier gedruckt.
FSC® (Forest Stewardship Council) ist eine nichtstaatliche, gemeinnützige Organisation, die sich für eine ökologische und sozialverantwortliche Nutzung der Wälder unserer Erde einsetzt.

Bibliografische Information der Deutschen Nationalbibliothek

Die Deutsche Nationalbibliothek verzeichnet diese Publikation in der Deutschen Nationalbibliografie; detaillierte bibliografische Daten sind im Internet über http://dnb.d-nb.de abrufbar.

Umschlaggestaltung: Andreas Sonnhüter, Düsseldorf,
unter Verwendung eines Bildes von © gmsphotography/istockphoto.com
Bilder im Innenteil: © Dorothee Dziewas
Lektorat: Marlene Fritsch, March
Satz und grafische Gestaltung: Andreas Sonnhüter, Düsseldorf
Verwendete Schriften: Klavika, Swift
Gesamtherstellung: CPI books, Ebner & Spiegel, Ulm
Printed in Germany
ISBN 978-3-7615-5868-3

www.neukirchener-verlage.de

Vorwort

Es war im Jahr 2006, in einem April, der nach einem ungewöhnlich langen Winter nur zögerlich Frühling werden ließ. Eine Woche war es noch bis Ostern, und ich stand mit dreißig anderen Menschen zwischen 25 und 50 vor dem Gebäude der katholischen Studentengemeinde im schottischen Edinburgh. Die Wanderstiefel geschnürt und mit Regenkleidung, Thermosflasche und Lunchpaket im Rucksack machten wir uns bereit, sieben Tage lang durch die Highlands zu wandern. Unser Ziel war Iona, eine kleine Hebriden-Insel, auf der schon im sechsten Jahrhundert Mönche lebten, die den benachbarten Inseln die christliche Botschaft brachten. 150 Kilometer auf steinigen Wegen, an atemberaubenden Küsten entlang, durch eiskalte Bäche und über wilde Moore – eine Reise, die mich an meine Grenzen bringen sollte, aber auch an wunderschöne Orte, die ich nie wieder vergessen werde. Mit im Gepäck hatten wir Gebete und Lieder, unsere jeweils eigene Geschichte und ein großes hölzernes Kreuz. Es sollte ein sichtbares und fühlbares Zeichen sein, dass wir nicht nur körperlich, sondern auch geistlich eine Reise antraten, dass der Weg, auf den wir uns machen wollten, ein äußerer wie innerer Weg war.

Ich bin bei dieser Pilgerwanderung mit anderen Menschen ins Gespräch gekommen, habe über meinen Glauben nachgedacht und gesprochen und manches neu sehen gelernt. Ich habe schmerzende Füße und peitschenden Regen über mich ergehen lassen, habe fröhliches Lachen und ergreifende Augenblicke erlebt, habe Gemeinschaft mit

Gott und den Menschen erfahren, und das alles inmitten einer wundervollen Schöpfung, die einem das Herz aufgehen ließ. Ich bin in einem freikirchlichen Umfeld aufgewachsen, dem der Pilgergedanke eher fremd ist. Dennoch konnte ich den Wert dieser alten Tradition an der eigenen Seele erleben und mich so für neue Erfahrungen öffnen, neue Wege beschreiten. Das bereichert meinen Glauben und mein Leben bis heute – lange nach der eigentlichen Pilgerreise.

Der bekannte Dichter und Prediger Gerhard Tersteegen schrieb 1738 das Lied „Kommt, Kinder, lasst uns gehen“, das von der inneren Pilgerreise des Menschen hin zur Ewigkeit handelt. Hier geht es nicht um das Pilgern im Sinn einer Bußübung, um göttliche Gunst zu erlangen. Diese Praktik wurde von den Reformatoren abgelehnt, weil für sie die unverdiente Gnade zentraler Bestandteil des Glaubens war. Ziel war also nicht eine Anstrengung oder Leistung, mit der man sich „Bonuspunkte“ verdienen konnte, sondern die Pilgerschaft war hier Sinnbild für die geistliche Reise durch das Leben, das trotz aller Anfechtungen in Gottes Hand liegt.

Der englische Baptistenprediger John Bunyan machte diese Art der „Pilgerreise“ berühmt, und der Gedanke wurde auch von anderen protestantischen Autoren wie eben Tersteegen aufgegriffen. Die Sprache Tersteegens ist uns nicht mehr so vertraut, wie sie es den Zeitgenossen des Dichters war, aber viele der Bilder, die er gebraucht, um den Lebensweg des Menschen zu beschreiben, sind zeitlos und können uns auch heute noch etwas sagen. Für uns, die wir meist ganz auf das Leben im Hier und Jetzt ausgerichtet sind, erscheint die starke

Sehnsucht nach einem Leben jenseits irdischen Leidens vielleicht ein wenig fremd. Ich glaube aber, dass das zentrale Thema des Liedes, die Sehnsucht, heute ebenso zentral ist wie zu Tersteegens Zeit. Umso mehr, als in unserer konsum- und leistungsorientierten Gesellschaft die Seele verkümmert und das Innehalten, die Besinnung auf das Wesentliche und die Begegnung mit Gott oft zu kurz kommen. Insofern kann das Pilgerlied für uns eine Anregung sein, das Leben ganz bewusst anders zu gestalten und uns auf den Weg der Sehnsucht zu machen: „Kommt, Kinder, lasst uns gehen ..."

In diesem Lied ist von vielen Dingen die Rede, mit denen sich ein „geistlicher Pilger" genauso auseinandersetzen muss wie ein „körperlicher Pilger". Denn was dem einen wie dem anderen begegnet, was er mitnimmt oder loslassen muss, wenn er ankommen will, gilt für jeden, der aufbricht und sich auf den Weg macht. Ob er nun ganz wortwörtlich einen Fuß vor den anderen setzt und sich so Stück für Stück dem Ziel nähert, oder ob er im übertragenen Sinn Glaubensschritte tut, die ihn geistlich wachsen lassen und näher zu Gott bringen.

Ich möchte Sie, liebe Leserin, lieber Leser, einladen, sich gemeinsam mit mir auf den Weg zu machen – wo auch immer Ihr Ziel liegen mag.

Dorothee Dziewas

„Kommt, Kinder, lasst uns gehen …“
Aufbrechen aus dem Alltag

Kommt, Kinder, lasst uns gehen,
der Abend kommt herbei;
es ist gefährlich stehen
in dieser Wüstenei.
Kommt, stärket euren Mut,
zur Ewigkeit zu wandern
von einer Kraft zur andern;
es ist das Ende gut.

Ich mache mich auf den Weg

Eigentlich bin ich ganz zufrieden mit meinem Leben. Ich habe mich in der Routine meines Alltags häuslich eingerichtet. Meine Arbeit, meine Familie, Freunde, Engagement in der Gemeinde, Hobbys, ein gemütliches Zuhause, hin und wieder ein Konzert, ein Ausflug, ein köstliches Essen oder andere Highlights, das ist mein Leben. Zumindest ein großer Teil davon. Und meistens ist es genau das, was ich brauche. Routine ist nicht schlecht, nein, sie ist sogar sehr nützlich für die Bewältigung des Alltags.

Aber es gibt Tage, an denen ist dieses geregelte, dahinplätschernde Leben nicht genug. Dann suche ich nach etwas, das mich weiterbringt. Natürlich gibt es in meinem Beruf Neues, das mich herausfordert, und eine Ehe bietet auch immer wieder Gelegenheit zum Reflektieren und Wachsen. Es gibt Projekte, um deren Organisation ich mich kümmern muss, Bücher, die mich anregen, Begegnungen, die mir zu denken geben. In meinem Alltag bin ich ausgerichtet auf andere Menschen, auf Dinge, auf meine Umgebung, auf die Welt um mich herum. All das ist wichtig für mich und meine Entwicklung als Mensch und Christin.

Und trotzdem gibt es Zeiten, in denen ich mehr will als das. Ich will tiefer gehen, meine Seele wachrütteln, sie auf die Reise schicken und zum Himmel aufsteigen lassen. Ich will aufbrechen, mich auf den Weg machen. Ich will bereit sein für neue Erfahrungen auf diesem Weg, mir bewusst machen, dass ich im Leben unterwegs bin – mit anderen, mit Gott.

All das kann ich am besten erleben, wenn ich mich im wahrsten Sinne des Wortes auf den Weg mache, wenn ich meine Sachen packe und loslaufe. Schritt für Schritt. Auf einen Weg, der mich in unbekannte Gefilde bringt, der mich zwingt umzudenken, auf dem ich mich anderen Menschen öffne. So kann ich Versteinertes aufbrechen, zu lieb Gewonnenes loslassen und mich von dem, was mich zurückhält, befreien.

Das unruhige Herz ist die Wurzel der Pilgerschaft

Im Menschen lebt die Sehnsucht,
die ihn hinaustreibt aus dem Einerlei des Alltags
und aus der Enge seiner gewohnten Umgebung.
Immer lockt ihn das Andere, das Fremde.
Doch alles Neue, das er unterwegs sieht und erlebt,
kann ihn niemals ganz erfüllen. Seine Sehnsucht ist größer.
Im Grunde seines Herzens sucht er ruhelos den ganz Anderen,
und alle Wege, zu denen der Mensch aufbricht, zeigen ihm an,
dass sein ganzes Leben ein Weg ist, ein Pilgerweg zu Gott.

Augustinus

Pilgern: Beten mit den Füßen

Sie nehmen den Pilgerstab in die Hand, packen den Rucksack und brechen auf. Für eine Strecke, die ein Auto in einer halben Stunde zurücklegt, brauchen sie einen ganzen Tag. Pilger entdecken die Langsamkeit wieder und kehren verändert in den Alltag zurück. Pilgern war immer der Beginn eines großen Abenteuers mit ungewissem Ausgang, aber zumindest mit einem klaren Ziel: das Heil für die Seele zu finden. Im Christentum hat das Pilgern eine alte Tradition. *„Leute des Weges"* haben sich die Christen in den ersten Jahrhunderten genannt. Ein Leben lang waren sie unterwegs zu Gott auf der Suche nach dem Heil. Diese Welt sei ihnen kein Zuhause, weil ihre wahre Heimat im Himmel sei, so wurde es ihnen immer wieder gepredigt. Im Neuen Testament heißt es im Hebräerbrief: *„Wir haben hier keine bleibende Stadt, sondern die zukünftige suchen wir."* Beim Pilgern konnte man dem Paradies schon hier im Elend der Welt ein Stück näher kommen.

Von den ersten namentlich bekannten Pilgern hören wir aus dem 4. und 5. Jahrhundert. Es waren zwei hochgebildete Frauen, Kaiserin Helena und Egeria Silvia, die unabhängig voneinander zu den Stätten im Heiligen Land zogen. Sie wollten mit ihren eigenen Augen sehen und mit ihren Füßen den Boden betreten, wo Jesus gelebt und gewirkt hatte, wo er litt und starb und wo er auferstand. Die frommen und zugleich spannenden Berichte dieser Pilgerinnen wirkten wie

eine Werbebroschüre: Viele Menschen machten sich auf, um ihren Spuren zu folgen. Pilgern wurde zu einer Massenbewegung, zu einem frommen Tourismus auf festgelegten Straßen, die im Laufe der Jahrhunderte ein Wegenetz durch ganz Europa bildeten. Herbergen entstanden an diesem Weg und Kirchen wurden gebaut. Die Pilger transportierten ihre Eindrücke, ihre Erkenntnisse und das Wissen aus fernen Ländern und Kulturen in ihre Heimat; die Pilgerwege waren so etwas wie ein *„Internet des Mittelalters"*.

Dennoch war und ist christliches Pilgern zuallererst religiös motiviert. Die geistige Kraft der heiligen Orte soll den Glauben stärken: *„Die Heiligen waren hier, und nun auch ich!"*, mag mancher Pilger gesagt haben, wenn er endlich am Ziel angelangt war. Der lange und mühsame (Fuß-)Weg dahin diente der Vorbereitung mit allem, was dazugehörte: Kälte und Entbehrung, Gefahren durch Tiere und Menschen, Blasen an den Füßen, Strauchdiebe und Beutelschneider, Einsamkeit und Verzweiflung, aber auch die Freude an der Schönheit der Natur und der Gemeinschaft mit Gleichgesinnten. Pilgern war und ist keine Individualreise. Pilger suchen zumindest für weite Strecken ihres Weges die Gruppe. Mit anderen zu pilgern heißt, bei drohenden Gefahren nicht allein, in Krankheit oder bei Unfällen versorgt zu sein und für andere bei falscher Anklage in der Fremde zum Zeugen werden zu können. Pilger tun sich zusammen, um auf dem Weg zu singen und zu beten, um sich durch Erzählungen die Zeit zu vertreiben und um gemeinsam zu essen und zu teilen, was jeder hat.

Zum Pilgern gehört auch die ganz menschliche Abenteuerlust: Es brannte vielen im Reiseschuh, und die Sehnsucht nach der Ferne wie die Hoffnung, dort das Glück des Lebens zu finden, ließen die frommen Globetrotter aufbrechen. Bis ans Ende der Welt wollten sie vordringen, und auf ihren Wegen dorthin erlebten sie sich ganz anders als in der Routine des engen Alltagslebens. Die Pilger stießen auf ungeahnte Hindernisse wie hohe Berge oder breite, reißende Flüsse. Sie mussten weite Hochebenen unter sengender Sonne durchqueren und lernten ihre Grenzen kennen.

Pilgern hat Menschen zu allen Zeiten fasziniert und verändert. Es verhilft vielen neu oder ganz anders zum Glauben an Gott; es erweitert Horizonte und fördert das Staunen und die Freude an der Vielfalt der Menschen, Kulturen und Regionen, die einem auf dem Weg begegnen. Und Pilgern schafft eine tiefe Befriedigung, wenn das Ziel erreicht ist.

Alexander Röder

Gebet im Aufbruch

Du Gott des Aufbruchs, segne uns, wenn wir dein Rufen vernehmen, wenn deine Stimme lockt, wenn dein Geist uns bewegt zum Aufbrechen und Weitergehen.

Du Gott des Aufbruchs, begleite und behüte uns, wenn wir uns von Gewohnheiten verabschieden, wenn wir festgetretene Wege verlassen, wenn wir dankbar zurückschauen und doch neue Wege wagen.

Du Gott des Aufbruchs, wende uns dein Angesicht zu, wenn wir Irrwege nicht erkennen, wenn Angst uns befällt, wenn Umwege uns ermüden, wenn wir Orientierung suchen in den Stürmen der Unsicherheit.

Du Gott des Aufbruchs, leuchte auch unserem Weg, wenn die Ratlosigkeit uns fesselt, wenn wir fremde Lande betreten, wenn wir Schutz suchen bei dir, wenn wir neue Schritte wagen auf unserer Reise nach innen.

Du Gott des Aufbruchs, sei mit uns unterwegs zu uns selbst, zu den Menschen, zu dir. Segne uns mit deiner Güte und zeige uns dein freundlich Angesicht. Begegne uns mit deinem Erbarmen und leuchte uns mit dem Licht deines Friedens auf all unseren Wegen.

Amen.

Unbekannter Autor

Erste Schritte

Und wie fange ich nun an? Wie breche ich auf, ganz konkret, und wohin? Im Folgenden ein paar Ideen und Erfahrungen, die zum Weiterdenken anregen sollen:

→ Aller Anfang ist schwer – deshalb am besten nicht gleich die Reise nach Santiago buchen! Schöne Gegenden gibt es meist unweit der eigenen Haustür, und eine zwei- bis dreistündige Wanderung am Sonntagnachmittag ist ein guter „Schnupperkurs" für Einsteiger. Wenn man dann am nächsten Tag die ungewohnte Bewegung in den Muskeln spürt, ist das ein guter Grund, so etwas öfter zu tun!

→ Eine Wanderkarte (am besten im Maßstab 1:25 000, wenn es sie von der Region gibt, in der man wohnt) bietet jede Menge Möglichkeiten für kürzere oder längere Ausflüge in die Natur. Dabei gilt die Devise: Wer sich langsam steigert, genießt das Unterwegssein (immer) mehr.

→ Wer ohnehin schon gerne wandert, aber einmal ganz bewusst die Zeit dabei nutzen möchte, um auch Seele und Geist auf die Reise zu schicken, kann zum Beispiel einen Weg wählen, der an einer Kapelle oder einem Wegkreuz vorbeiführt. Ein Gebet oder Liedtext, zu Hause ausgewählt, ist ein gutes Hilfsmittel für eine Zeit der Stille oder des Nachdenkens.

→ Gute Schuhe sind das A und O jeder Reise zu Fuß. Gerade für ungeübte Wanderer ist es wichtig, mit halbhohen Wanderschuhen die Knöchel zu stützen und den Füßen eine ausreichende Eingewöhnung zu erlauben, bevor es auf längere Touren geht.

→ Wanderstöcke sind dann hilfreich, wenn es viel auf und ab geht. Sie schonen die Knie beim Abstieg und helfen auch beim Aufstieg, das Gewicht ein wenig auf die Arme zu verlagern.

→ Regenkleidung gehört zur Grundausstattung des Wanderers wie des Pilgers. Natürlich gibt es Ausflüge, bei denen den ganzen Tag die Sonne vom Himmel scheint, aber ein Gewitterschauer oder ein feiner Dauerregen an kühleren Tagen, der irgendwann durch alle Schichten Kleidung zu dringen scheint, können die Freude am Gehen erheblich schmälern, wenn man sich nicht dagegen schützen kann.

Andere Horizonte

Gott, du bist uns voraus
und lässt dich nicht binden.
Gefährte der Wandernden,
lock uns
und wir werden uns trauen,
über das hinauszugehen,
was wir festgelegt haben.
Neuland werden wir entdecken
und andere Horizonte.

Friedrich K. Barth/Gerhard Grenz/Peter Horst

„Der schmale Pilgerpfad“
Kampf statt Wellness

Es soll uns nicht gereuen
der schmale Pilgerpfad;
wir kennen ja den Treuen,
der uns gerufen hat.
Kommt, folgt und trauet dem;
ein jeder sein Gesichte
mit ganzer Wendung richte
fest nach Jerusalem.

Grenzerfahrungen

Ein Spaziergang ist erholsam, aber Wandern ist (oft) anstrengend. Vor allem, wenn es sich dabei nicht nur um eine Tageswanderung handelt, sondern um eine, die über mehrere Tage oder sogar Wochen geht.

Dabei ist der erste Tag nicht unbedingt der schwierigste, weil zu diesem frühen Zeitpunkt die Motivation groß ist und der Reiz des Neuen für die ungewohnte Anstrengung entschädigt. Wie sehr uns die erste Etappe einer Wanderung oder Pilgerreise zu schaffen macht, hängt natürlich nicht unwesentlich damit zusammen, mit welchen äußeren Umständen wir uns konfrontiert sehen. An einem sonnigen Tag und bei einer Wegstrecke von bis zu zwanzig Kilometern, vielleicht mit sanften Anstiegen, aber ohne gleich 1000 Höhenmeter überwinden zu müssen, fällt das Gehen leicht. Wenn wir jedoch ungeübt sind, mit ersten Blasen an den Füßen zu kämpfen haben oder stundenlang durch kalten Regen laufen müssen, dann sind Willensstärke und Leidensfähigkeit gefragt. Spätestens jetzt wird klar: Der Weg eines Pilgers kann steinig sein und uns manchmal auch bis an unsere körperlichen Grenzen bringen.

Will man das Wagnis eingehen und sich auf diese Weise Wind und Wetter aussetzen, dann ist es hilfreich, wenn man sich kleine Strategien zurechtlegt, damit aus vorübergehender schlechter Laune kein Dauerfrust wird.

Wie können solche Strategien aussehen? Es scheint vielleicht offensichtlich, aber jeder und jede Wandernde sollte Schokolade im Gepäck haben. Natürlich funktioniert das auch mit Keksen, Weingummi oder anderen Lieblingsleckereien, die einfach guttun, weil wir sie genießen. Nur bei Extremwanderungen, bei denen es auf jedes Gramm Gewicht im Rucksack ankommt, muss man sich über den Nährwert solcher Dinge Gedanken machen. Mein Tipp: Schokolade mit ganzen Nüssen – die gibt Energie und schmeckt!

Oft hilft auch gezielte Ablenkung gegen Durchhänger auf dem Weg. Das können Gespräche mit Leidensgenossen sein, sofern man gemeinsam mit anderen unterwegs ist, oder auch die Bestimmung von Pflanzen am Wegrand. Vielleicht ist aber auch die körperliche „Durststrecke" eine Gelegenheit, seelisch aufzutanken – etwa mit einem Lied oder Gedicht oder Gebet aus einem kleinen Heft mit Lieblingstexten, die man vor der Reise zusammengestellt hat. Denn es wäre doch zu schade, wenn man die Schönheit des Weges, die wohltuende Gemeinschaft mit anderen Wandernden oder die atemberaubende Größe unseres Gottes vor lauter Selbstmitleid oder wehen Füßen nicht mehr wahrnähme!

Mühsam

Langsam
Gleichmäßig
Setze ich einen Fuß
Vor den anderen

Mühsam
Ist der Weg
Und lang

Es fällt mir schwer
Durchzuhalten
Mitzuhalten mit den anderen
Die so viel schneller
Und stärker scheinen
Als ich

Aber ich hebe meinen Blick
Und lege
Meine Kraft in jeden Schritt
Weil ich weiß
Dass das Ziel dadurch
Ein wenig näher rückt

Ich hoffe
Wenn ich ankomme
War es der Mühe wert

Der Weg nach innen

Die Pilgerschaft kennt viele Motive. Ein ganz wichtiger Grund, sich auf den Weg zu machen, ist die Sehnsucht des Menschen, ganz aus sich herauszugehen, sich loslassen zu können, alleine zu sein und so zum Wesentlichen, zu sich selbst zu finden, Schritt für Schritt. Das Unwesentliche, das ist und bleibt der Alltag, der Kleinkram, die ständige Wiederkehr des Gewöhnlichen. Äußere Beweggründe sollten zurückstehen, vor allem die Versuchung, sich selbst etwas beweisen zu wollen.

»Jeder Mensch braucht etwas Wüste«, erkennt Sven Hedin, der als Geograph und Entdeckungsreisender am Ende des 19. Jahrhunderts in den weiten Wüsten der Welt zu Hause war. Eigentlich sehnt sich der Mensch nach Heimat und Geborgenheit, in denen er sich aber oft verliert, weil er sesshaft und damit selbstzufrieden geworden ist. Die Wüste ist das genaue Gegenteil davon. Sie ist ein Bild für den Weg nach innen. Sesshaftigkeit ist Alltag, die Wüste das Besondere.

Der Gefahr der Selbstzufriedenheit widersetzt sich der pilgernde Mensch Tag für Tag. Er setzt alles aufs Spiel, was ihn festhalten und festlegen könnte. Sich jeden Tag neu auf den Weg machen, das verlangt die Wüste. Wer sitzen bleibt, erstarrt, verkümmert spirituell, trocknet aus, ohne dass er es bemerkt. Er findet nicht zur rettenden Oase.

Roland Breitenbach

Das Geschenk der Wüste

Für den Orientalen wie für den Menschen des Alten Testaments war die Wüste der Ort des ständigen Wanderns, des Umherziehens, ein Ort der Unstetigkeit, ja der Dämonen, die ebenfalls keinen festen Platz hatten. Die Wüste war auch ein Ort, an dem ein Verbrecher untertauchen konnte. Menschen, die mit dem Leben fertig waren, gingen in die Wüste, um dort zu sterben.

Doch seltsam: Was Menschen aufgeben wollten, fanden sie hier neu. Geheilt und gestärkt kamen viele aus der Wüste zurück, nachdem sie alle Prüfungen und Versuchungen bestanden hatten. Die Wüste wurde für sie zur Vorbereitung für ein neues, das wirkliche Leben. Nur der Sündenbock, auf den nach jüdischem Ritus die Sünden des ganzen Volkes beschworen wurden, also der alte Mensch, blieb in der Wüste zurück und kam darin um wie das belastete Tier. Wer in der Wüste zu sich gefunden hatte, konnte anderen das Wichtige und Wesentliche zeigen. Denken wir an Johannes den Täufer, an Paulus oder an Jesus selbst: Für sie alle wurde die Wüste zum Ort des Umbruchs und des Neuanfangs. In der Wüste predigte der Täufer die nötige Umkehr; in der Wüste holte sich Paulus die Kraft für seine Missionsaufgabe. Jesus selbst erkannte in der Wüste seine Berufung, den Menschen das Reich Gottes anzusagen.

Wer die Wüste durchgestanden hat, hat nicht nur Durst, Hitze, Kälte und Bedrohungen aller Art bezwungen, er hat sich selbst bestanden und mindestens zwei Tugenden für das neue Leben gelernt: Nüchternheit und Gelassenheit.

Er hat das Menschsein ganz am Rande gelebt und erfahren. Auch dafür braucht es Zeit. Vierzig, das ist in der Bibel die Chiffre für eine lange Zeit. Jesus selbst nahm das auf sich: »Darauf führte ihn der Geist vierzig Tage in der Wüste umher« (Lukas 3,10).

Vierzig, die Zeit der Wüste, so lange braucht der Mensch für seinen Weg nach innen und aus sich heraus. Jesus fastete diese vierzig Tage in der Wüste, bis es »der Versucher« wagte, sich an ihn heranzumachen. Er musste scheitern, weil Jesus zu sich gefunden hatte. Vierzig Jahre wanderte das Volk Israel durch die Wüste, bis es für das Gelobte Land reif geworden war. Die Zeit der Wüste braucht der Mensch für seinen Weg nach innen.

Roland Breitenbach

Federnd

Wenn der Wille da ist, sind die Füße leicht.

Aus England

„Lasst gar euch selbst dahinten“
Den Blick neu ausrichten

Geht’s der Natur entgegen,
so geht’s gerad und fein;
die Fleisch und Sinnen pflegen,
noch schlechte Pilger sein.
Verlasst die Kreatur
und was euch sonst will binden;
lasst gar euch selbst dahinten,
es geht durchs Sterben nur.

Sieben Wochen unterwegs

Während ich dies schreibe, liegt die Fastenzeit erst wenige Tage hinter mir. Diese sieben Wochen sollen eine Zeit des Gedenkens an die Passion Christi und an Gottes Liebe zu uns Menschen sein und eine Vorbereitung auf das Osterfest, den Triumph der Auferstehung. Für viele ist es eine Zeit, die vom freiwilligen Verzicht geprägt ist, meist auf bestimmte Nahrungsmittel oder Konsumgewohnheiten. Andere nehmen sich in diesen sieben Wochen gezielt die Zeit, sich mit der Bibel oder dem Gebet zu beschäftigen und ihren Glauben bewusster zu leben.

Vor einigen Jahren hatte ich, wie oben erwähnt, das Glück, in der Karwoche durch die schottischen Highlands in Richtung Ostern pilgern zu können, und es war eine ganz besondere Passionserfahrung. Das Abendgebet nach einem anstrengenden Wandertag, eine Karfreitagsandacht auf einer Klippe hoch über dem Atlantik und an jedem Tag Kreuzwegstationen und eine Zeit des Schweigens – all diese Dinge haben mich auf eine Weise berührt, wie es in der heimischen Wohnung oder auch in einer Kirche so nicht zu erleben gewesen wäre.

Auch wenn es nicht jedem möglich ist, eine ganze Woche lang zu pilgern, ist die Fastenzeit doch eine großartige Gelegenheit, kleine Pilgerwege zu gehen. Das kann man alleine tun, aber meine Erfahrung ist, dass es in einer kleinen Gruppe von Gleichgesinnten (aus dem Freundeskreis, der Gemeinde oder Familie) leichter geht.

Wie wäre es zum Beispiel mit einer meditativen Wanderung an jedem Samstag- oder Sonntagnachmittag der Passionszeit? Hier ein praxiserprobtes Konzept, das sich leicht in die Tat umsetzen lässt:

→ Die Strecke für die einzelnen Pilgerwanderungen wird im Vorfeld am besten so geplant, dass an einer oder zwei Stellen auf dem Weg ein Augenblick der Besinnung an einem ruhigen Ort möglich ist. Vielleicht eignet sich dafür eine kleine Kirche, ein Waldstück oder ein Wegkreuz.

→ Jede Wanderung beginnt mit einem Gebet oder Lied. Wenn man in einer Gruppe unterwegs ist, bietet es sich an, die Andachten oder Meditationen zu verteilen, sodass jede und jeder sich einbringen kann.

→ Die Stationen auf dem Weg bieten eine Gelegenheit, persönliche Erfahrungen mit dem Glauben weiterzugeben, auf den Text der Passionsgeschichte zu hören oder den Kreuzweg nachzuvollziehen. Hier sind den Ideen der Teilnehmenden keine Grenzen gesetzt. Eine Hilfe kann auch hier das bereits erwähnte Heft mit Gebeten und Segenssprüchen sein, das extra für diesen Zweck zusammengestellt wurde.

→ Nach den einzelnen Stationen kann eine Zeit des Schweigens sinnvoll sein. So besteht die Möglichkeit, über das Gehörte nachzudenken oder stille Zwiesprache mit Gott zu halten, während man auf dem Weg weitergeht. Und danach genießt man das Gespräch oder die gemeinsame Wegzehrung umso mehr!

→ Übrigens muss es nicht immer Natur sein, so erhebend diese auch ist. Auch in einer Großstadt kann man mit offenen Augen durch die Straßen gehen und Herz und Gedanken auf Gott ausrichten. Vielleicht entdeckt man dabei sogar ungeahnte Orte der Besinnung.

Natur

Warum erfüllen uns Gräser, eine Wiese, eine Tanne, mit so reiner Lust? Weil wir da Lebendiges vor uns sehen, das nur von außen zerstört werden kann, nicht durch sich selbst. Der Baum wird nie an gebrochenem Herzen sterben und das Gras nie seinen Verstand verlieren. Von außen droht ihnen jede mögliche Gefahr, von innen her aber sind sie gefeit. Sie fallen sich nicht selbst in den Rücken wie der Mensch mit seinem Geist und ersparen uns damit das wiederholte Schauspiel unseres eigenen zweideutigen Lebens.

Darum ist die Natur so tieftröstlich, weil sie schlafende Welt, traumlos schlafende Welt ist. Sie fühlt nicht Freude, nicht Schmerz, und doch lebt sie vor uns und für uns ein Leben voll Weisheit, Schönheit und Güte. So schliefen auch wir einst und zu solchem Zustand kehren auch wir einst wieder zurück, nur mit dem Unterschied, dass dann dies ganze Über-Glück, Über-Leid uns bewusst sein wird und dass wir dann auch keine Träume mehr brauchen, weil wir die Himmel selbst offen sehen.

Christian Morgenstern

In den kommenden großen Ferien

In den kommenden großen Ferien
Haben wir unnachahmliche Dinge vor
Wir möchten einige Dinge unternehmen
Die wir bis jetzt noch nie unternommen haben
Wir wollen uns zum Beispiel
Von unserem Land und unserer Zeit verabschieden
Wir stimmen mit beiden nicht mehr so ganz überein
Es tut uns leid
Aber die Jahre sind dahin
Gut
In den großen Ferien werden wir natürlich auch
Einen alten Wald bewundern
Und uns vorsichtig einem dunklen See nähern
Und endlich ein dickes Buch das wir schon immer zu Ende lesen
Wollten
Zu Ende lesen
Niemand soll uns erreichen
Wir haben uns vorgenommen Haken zu schlagen
Und wollen ständig unsere Spuren verwischen
Und eine Sprache sprechen die uns nicht verrät
Nicht mal eine weiße Fahne werden wir mitführen
In den großen Ferien wollen wir ein Narrenschiff stehlen
Natürlich ein lächerliches Ruderboot
Und werden so weit aufs Meer hinausfahren
Dass niemand unser Weinen hört
Manchmal nachts
Wenn wir der Widersprüche nicht Herr werden

In den großen Ferien
Wollen wir einen Segelflieger bitten
Uns hinaufzufliegen
Dass wir einmal die Erde ohne uns sehen
In den großen Ferien
Werden wir natürlich auch eine Eisdiele besuchen
Einen Zoo
Eine alte gemütliche Kirche
Und eine Tropfsteinhöhle
Wie das so üblich ist
Aber wer uns nach Land und Zeit fragt
Nach Antworten und Lösungen
Nach Vergangenheit und Zukunft
Dem wollen wir in den großen Ferien einen Kuss
Auf die Stirn geben
Denn so heilig und so fehlerlos wollen wir in den großen Ferien
Nicht sein
In den großen Ferien möchten wir fröhlich sein
Und eine Geschichte der Gleich-Gültigkeit schreiben
Und wenn wir nach wenigen Wochen zurückkehren müssen
Wird es denken wir früh genug sein
Sich dann den staatlichen Aufsichtsbehörden
Und einer vernunftbegabten Gesellschaft
Wieder zu stellen
Wenn nichts dazwischenkommt.

Hanns Dieter Hüsch

Hingebung

Verlass dich, entsage dir und du wirst großen innerlichen Frieden genießen. Gib alles um alles hin, suche dir nichts aus, begehre nichts mehr zurück.

Thomas von Kempen

Große Freiheit

Der Geist soll also frei sein, dass er an allen nennbaren Dingen nicht bange und dass sie nicht an ihm hangen. Ja, er soll noch freier sein: also frei, dass er für all seine Werke keinerlei Lohn erwarte von Gott. Die allergrößte Freiheit aber soll dies sein, dass er all seine Selbstheit vergesse und mit allem, was er ist, in den grundlosen Abgrund seines Ursprungs zurückfließe.

Meister Eckhart

Fließend

Je mehr du dich aus dir kannst austun und entgießen:
Je mehr muss Gott in dich mit seiner Gottheit fließen.

Angelus Silesius

Gebet

Gott
Ich bin unterwegs
Um etwas Neues zu sehen
Etwas von der Welt
Etwas von deiner Schöpfung
Etwas von dir

Ich will meinen Blick
Neu ausrichten
Auf den Weg
Auf andere Menschen
Auf dich

Ich will absehen
Von dem
Was meinen Alltag bestimmt

Von meinen Wünschen
Und Bedürfnissen
Ich will hinsehen
Wenn jemand mich braucht
Wenn sich neue Wege auftun
Wenn du meinen Blick lenkst

Gott
Zeig mir
Was wichtig ist
Wer wichtig ist
Auf diesem Weg
Auf dieser Welt
In meinem Leben

Mal abgesehen von mir

„Mit Wenigem zufrieden“
Eine Reise mit leichtem Gepäck

Man muss wie Pilger wandern,
frei, bloß und wahrlich leer;
viel sammeln, halten, handeln
macht unsern Gang nur schwer.
Wer will, der trag sich tot;
wir reisen abgeschieden,
mit Wenigem zufrieden;
wir brauchen's nur zur Not.

Entlastet

Wer schon einmal eine längere Wanderung unternommen hat, weiß, wie schwer ein anfänglich gut zu schulternder Rucksack nach einigen Kilometern werden kann. Nicht umsonst gilt unter Langstreckenwanderern und Pilgern die Devise: Packe alles zusammen, was für die Reise absolut unverzichtbar ist – und dann lasse die Hälfte davon zu Hause.

Natürlich gibt es Dinge, die man bei einer Wanderung im Gepäck haben sollte, vor allem, wenn man sich abseits ausgetretener Pfade bewegt. Dazu finden sich im Internet oder in Wanderratgebern zahlreiche Packlisten und Tipps.

Wichtig ist es, die eigenen Kräfte realistisch einzuschätzen und sich nicht zu viel Gewicht zuzumuten, denn unnötige Kilos im Rucksack mindern die Freude am Gehen und sind außerdem schlecht für Rücken und Knie. Bei Tageswanderungen ergibt sich in der Regel nicht das Problem, dass man unter der Last zusammenbricht, aber auch hier ist ein bequem sitzender, leichter Rucksack von Vorteil. Wenn man bei einer mehrtägigen Reise mehr Kleidung oder gar Zelt, Schlafsack und Kocher mit sich herumträgt, kann die Passform des Rucksacks zum entscheidenden Faktor für das Gelingen der ganzen Wanderung werden.

Es gibt Menschen, die das Gehen mit leichtem Gepäck bis ins Extrem treiben. Und sicher kann man Unmengen an Geld für ultraleichte Ausrüstung ausgeben, denn was wenig wiegt, kostet umso mehr, weil hochwertige Materialien und ausgeklügelte Technik zum Einsatz kommen. Aber für die meisten Wanderer und Pilger reicht der einfache Verzicht auf Überflüssiges, um sich das Unterwegssein zu erleichtern. Die Welt geht schließlich nicht unter, wenn man nicht jeden Abend in frische Sachen schlüpfen kann. Zwei Hemden, die abwechselnd im Handwaschbecken durchgespült werden, tun es auch. Schließlich geht es auf dem Weg um praktische Kleidung und nicht um einen Schönheitswettbewerb. Und wenn man dann nach drei Wochen „Spargarderobe" wieder aus einem gut gefüllten Kleiderschrank auswählen kann, wird einem erst richtig bewusst, wie viel man hat – und wie wenig man eigentlich zum Leben braucht.

Vielleicht kann diese Erfahrung dann sogar ein Anstoß sein, sich auch im Alltag von Dingen zu trennen, die unnötigen Ballast darstellen, oder Anstoß, mit anderen zu teilen, was man im Überfluss hat, zu verschenken, was ein anderer möglicherweise dringender braucht. Reisen mit leichtem Gepäck kann auch zu einem Lebensstil werden.

Gebremst

„Ich kann nicht so rasch gehen, wie ich wohl möchte,
denn die Last, die ich auf dem Rücken habe,
hindert mich daran."

Christian in John Bunyans Pilgerreise

Unterwegs

Ein Tourist machte Station in einem Kloster. Er wurde freundlich aufgenommen, und man bot ihm eine Mönchszelle als Schlafquartier an. Dort standen nur ein Bett und ein Stuhl.

In der Tür fragte der Tourist erstaunt: „Und wo sind Ihre Möbel?"

„Wo sind denn Ihre?", erwiderte der Mönch.

Verwirrt antwortete der Tourist: „Ich bin ja nur auf der Durchreise."

Der Mönch lächelte: „Wir auch."

Überliefert

Sorgen

Dann sagte Jesus zu seinen Jüngern, den Männern und Frauen: „Darum sage ich euch: Macht euch keine Sorgen um euer Leben, ob ihr etwas zu essen habt, und um euren Leib, ob ihr etwas anzuziehen habt! Das Leben ist mehr als Essen und Trinken, und der Leib ist mehr als die Kleidung! ... Wer von euch kann durch Sorgen sein Leben auch nur um einen Tag verlängern? Wenn ihr nicht einmal so eine Kleinigkeit zustande bringt, warum quält ihr euch dann mit Sorgen um all die anderen Dinge? ... Habt doch mehr Vertrauen! ... Euer Vater weiß, was ihr braucht. Sorgt euch nur darum, dass ihr euch seiner Herrschaft unterstellt, dann wird er euch schon mit dem anderen versorgen. ... Verschafft euch Geldbeutel, die kein Loch bekommen, und sammelt Reichtümer bei Gott, die euch nicht zwischen den Fingern zerrinnen und nicht von Dieben gestohlen und von Motten zerfressen werden. Denn euer Herz wird immer dort sein, wo ihr eure Schätze habt."

Lukas 12,22–34

Luther und das Pilgern

Die Pilger des Mittelalters hatten nicht nur ein äußeres, zu Fuß zu erreichendes Reiseziel, sondern zugleich auch ein inneres, geistliches Ziel. Für sie war die Wallfahrt oder Pilgerschaft eine Strapaze, durch die sie ihr Seelenheil zu befördern suchten. Den Ort der Heiligen zu erreichen, ihrem Vorbild zu folgen und damit Gottes Wohlgefallen zu erwirken, war der eigentliche Sinn ihrer Bußwanderung. Diesen sogenannten Ablass, der zur Zeit Luthers üblich war und viele Christen zum Pilgern bewegte, verurteilte der Reformator aufs Schärfste – durch ein solches „Geläuff" werde niemand Gott gefallen, spottete er.

Das, wogegen Luther und auch andere Reformatoren sich aussprachen, ist jedoch nicht die Erfahrung des Unterwegsseins, des Verzichts oder der Besinnung an sich, sondern der damit verbundene Eindruck, Menschen könnten sich Gottes Gnade verdienen, indem sie bestimmte Pflichten oder Bußübungen erfüllten. Dass sie sich dadurch besondere

„Vorteile" verschaffen sollten, passte nicht zu der reformatorischen Überzeugung, dass göttliche Gnade ein Geschenk und damit gänzlich unverdient ist. Allein der Glaube, so hatte Luther es formuliert, macht selig.

Wenn Menschen heute pilgern, dann tun sie das aus sehr unterschiedlichen Gründen. Die angeblich segensreiche Wirkung von Heiligenreliquien steht dabei meist nicht im Mittelpunkt, sondern eine persönliche Auszeit, die bewusste Körpererfahrung oder die Gelegenheit zu Besinnung und Begegnung treiben moderne Pilger an.

Doch das Abenteuer Pilgerreise kann auch noch eine andere Facette haben: Evangelische Pilger stehen in der Tradition der ersten Jünger, die von Jesus ausgesandt wurden, um den Menschen das Evangelium zu verkünden. So kann das Pilgern heute auch ein Bekenntnis des Glaubens sein, das ansteckend wirkt.

Nachfolge

„Zu der Zeit, dass das Evangelium anging, saßen die Apostel und ihre Jünger nicht also auf Schlössern, Stiften und Klöstern und marterten die Leute mit Briefen und Geboten zu sich, wie jetzt die Bischofsgötzen tun; sondern zogen um in die Länder als die Pilgrim, und hatten weder Haus noch Hof, weder Raum noch Stätte, weder Küche noch Keller."

Martin Luther, Fastenpostille 1525

Sorge tragen

Ich will nicht zulassen,
dass mich
Erfolge vorwärts hetzen,
Verpflichtungen behindern,

Gebote einengen,
Aufgaben ersticken,
Forderungen erdrücken.

Ich will nicht zulassen,
dass Erwartungen anderer
mich leiten
Konzepte von Mitmenschen
mich festlegen
Vorschläge mich irreführen.

Ich will wach sein;
Sorge tragen zu dem,
was in mir angelegt ist;
behutsam pflegen,
was in mir wächst;
stark werden für das,
was auf mich zukommt;
aus meinem Leben ein Fest machen
und mich ausrichten auf das,
was letztlich wichtig ist.

Max Feigenwinter

„Wir sind hier fremde Gäste“
Auf unbekannten Wegen

Schmückt euer Herz aufs Beste,
sonst weder Leib noch Haus;
wir sind hier fremde Gäste
und ziehen bald hinaus.
Gemach bringt Ungemach;
ein Pilger muss sich schicken,
sich dulden und sich bücken
den kurzen Pilgertag.

Neuland

Ein unbekanntes Land – das gibt es heute eigentlich kaum noch. Wir können in wenigen Stunden um die ganze Welt reisen, morgens in einem und am gleichen Nachmittag in einem anderen Land sein. Und selbst wer sich keine Fernreisen oder Auslandsurlaube leisten kann, ist durch Fernsehen und Internet mit der ganzen Welt verbunden. Informationen über Land und Leute zu erhalten, ist heutzutage wirklich kein Kunststück mehr. Oder vielleicht doch?

Die Welt der Informationen ist oft eine oberflächliche Welt. Bilder zeigen uns nur das, was sichtbar ist in fremden Regionen und unbekannten Gegenden. Aber um etwas richtig kennenzulernen, reichen Bilder nicht aus. Sie erschließen nur die Oberfläche, gehen nicht in die Tiefe, treffen nicht den eigentlichen Kern, die Seele eines Landes und die seiner Menschen. Bilder sind schnell abrufbar, aber auch schnell wieder vergessen. Wahre Begegnung sieht anders aus.

Wer sich auf den Weg macht, um unbekanntes Territorium zu betreten, bekommt die Chance, unter die Oberfläche, hinter die Fassade eines Landes zu schauen. Dadurch, dass man langsam unterwegs ist, nimmt man als Wanderer die Natur, aber auch die Orte und Menschen viel bewusster war. Man hat Zeit, ein paar Worte mit Einheimischen zu wechseln, oder beschäftigt sich mit der Geschichte eines Dorfes oder einer Landschaft. Man geht ein Stück gemeinsam mit Menschen, die man noch nie zuvor gesehen hat, und kommt ins Gespräch. Stück für Stück erläuft man sich eine Region, lernt sie kennen, macht sich mit ihr vertraut. Dabei heißt es genau hinzuschauen, um die wahren Schätze nicht zu übersehen.

Unterwegs sein heißt auch: zu Gast sein, neugierig sein und dankbar für Gastfreundschaft und Begegnungen, selbst wenn manches fremd ist. „In der Fremde sein“ – das ist die ursprüngliche Bedeutung des Wortes Pilger. Und während Pilger im Mittelalter auf ihrer Reise in fremden Ländern vielerlei Gefahren ausgesetzt waren, so ist das Fremdsein für uns heute meist eher eine Chance, unseren Horizont zu erweitern und neue, bereichernde Erfahrungen zu machen. Mit jedem Schritt, der uns von der Heimat fort und auf neue Wege führt, entdecken wir Neuland – in der sichtbaren Welt ebenso wie in der inneren Welt unserer Seele.

Unvoreingenommen

„Ob du wandern sollst, so fragst du? Ja, aber unter Vorbedingungen. Wer wandern will, der muss zunächst Liebe zu Land und Leuten entwickeln, mindestens keine Voreingenommenheiten. Er muss den guten Willen haben, das Gute zu finden, anstatt es durch kritische Vergleiche tot zu machen.“

Theodor Fontane

Vertraut den neuen Wegen

Vertraut den neuen Wegen,
auf die der Herr uns weist,
weil Leben heißt: sich regen,
weil Leben wandern heißt.
Seit leuchtend Gottes Bogen
am hohen Himmel stand,
sind Menschen ausgezogen
in das gelobte Land.

Vertraut den neuen Wegen
und wandert in die Zeit!
Gott will, dass ihr ein Segen
für seine Erde seid.
Der uns in frühen Zeiten
das Leben eingehaucht,
der wird uns dahin leiten,
wo er uns will und braucht.

Klaus Peter Hertzsch

Pilgern auf dem Olavsweg in Norwegen

„Smörre“ und „Pölser“, mehr kann ich nicht verstehen in dem so wunderbar kraftvoll vorgetragenen Norwegisch der Dame neben mir. So beherzt wie ihre Stimme und ihr rollendes „R“, so üppig ist ihre ganze Erscheinung. Die warmen Sonnenstrahlen genießend, sitzt sie neben mir auf dem Achterdeck der großen Fähre, die uns von Oslo zurück nach Kiel bringt. Es geht offensichtlich um das Essen, um Butter und Würstchen. Ihre Nachbarin hört mehr zu, als dass sie zum Gespräch beiträgt. Aus dem Sonnenstuhl heraus schenkt sie der Freundin nur ein lebenslustiges Lachen hier und da. Ganz Norwegen hat auf den Sommer gewartet. Jetzt, Anfang Juni, ist er da! Er verwöhnt uns alle. Aber die Norweger am meisten!

Wunderbare Tage liegen hinter mir. Auch Tage des Pilgerns. Nicht so zahlreich wie im letzten Jahr, wo ich mir sechs Wochen Zeit nehmen konnte, um den Spuren christlicher Pilger auf dem Jakobsweg zu folgen, aber doch Tage mit tiefen Eindrücken. Neben den großen Pilgerzielen Santiago de Compostela, Rom und Jerusalem gibt es im hohen Norden einen weiteren, wichtigen Weg, den Olavsweg. Er führt von Oslo weit hinauf nach Trondheim, dem früheren Nidaros. Der dortige gleichnamige Dom ist die Grabstätte Olavs II., dem ersten König und Missionar des vereinigten Norwegens. Anlässlich eines Pilgerabends in Kiel war ich auf diesen langen Weg aufmerksam geworden und er hatte mich sofort in seinen Bann gezogen. Für Nordlichter allemal ein Magnet!

(...)

Von Oslo aus folgt der Weg einem breiten Tal, das schon seit jeher eine natürliche Nord-Süd-Achse durch Norwegen darstellt, dem Gudbrandsdalen. Kein Wunder, dass auch hier die wichtigste Autostraße entlang läuft, die E6 Europastraße. Sie verbindet bekannte Städte wie Hamar oder die Olympiastadt Lillehammer. Immer wieder mache ich mit dem Auto Halt, um in der Nähe der Straße nach Zeichen zu suchen. Hier nennt sich der Weg „Kongesvegen", Königsweg. Aber erst hoch oben in Ringebu finde ich die ersten hölzernen Hinweisschilder. Die einzige Stabkirche auf dem Weg ist leider noch geschlossen. Das tiefe Schwarz des Pechanstrichs auf den Holzschindeln kontrastiert mit dem warmen Braun der bereits ausgeblichenen Hölzer. Norwegens Sonne hat über Jahrhunderte Hand angelegt und der Kirche ihr so typisches Aussehen verliehen. Heute wechseln Nieselschauer mit Sonnenstrahlen, wohl damit die Fotos später kräftiger leuchten. So früh im Jahr ist Norwegen noch nicht überall im Frühling angekommen. Die Schneegrenze liegt bei 600 Meter und in mir steigt die Spannung, was mich wohl erwarten wird. Die Teilabschnitte, die ich erwandern möchte, liegen geografisch noch wesentlich weiter oben.

Ein Wappen kündigt die Kommune „Dovre" an. Moschusochsen, die hier angesiedelt wurden, zieren das Schild. Tief unten im Tal haben die nordischen Birken schon erstes zartes Grün angesetzt, aber oben auf den Bergen lassen Wolkenfetzen nur Schnee und Eis erkennen. Grauer Fels und braunes Fjell trauen sich, vereinzelt Markierungen für das Auge zu setzen. Mehr nicht. Bin ich zu früh im Jahr unterwegs? Eine Vorahnung.

Endlich Ankunft genau dort, wo ich nach der norwegischen Wanderkarte die vielleicht am meisten ausgesetzte Etappe ausgemacht habe. Der Pilgerweg, der hier auch schon so heißt, läuft weit entfernt von der Straße über das Hochfjell inmitten von Bergspitzen und Seen. Das Auto abgestellt, eine Holzhütte nimmt meine Sachen auf, dann muss ich los. Meinen Rucksack und mich treibt es hinaus auf den Weg, nachschauen, was da ist, auch wenn es schon spät am Tage ist. Aber im hohen Norden wird es in dieser Jahreszeit sowieso kaum dunkel. Ein Wanderer wird von vielem überrascht, aber nicht von der Dunkelheit. Vorbei an einem schier unglaublich mächtigen und wild bellenden Hund (glücklicherweise an der Kette), lasse ich die kleine Holzhaussiedlung Furuhaugli hinter mir. Schneeflocken zur Begrüßung. Da finde ich einen Wegweiser, der mich willkommen heißt, hier bin ich richtig. Modern gestaltet gibt er Hinweise zu diesem Abschnitt des Pilgerweges. Bunte Bilder eingelassen in eine mächtige Schieferplatte, typisch für diese Region.

Und jetzt? Weitere Zeichen oder Wegmarkierungen sind nicht zu sehen. Meine Karte und mein Kompass stehen mir hilfreich zur Seite, und so stapfe ich über ein riesiges Schneefeld bergauf Richtung Hochebene. Oben angekommen, eröffnet sich mir ein grandioser Anblick. Weite Landschaft, Einsamkeit, Kargheit, Zeitlosigkeit. Ich muss mich erst sammeln. Ankommen dauert auch immer. Da stoße ich auf die ersten Steinmännchen: Schieferplatten von vielen Händen über viele Jahre Stein für Stein aufgestapelt, geben dem Wanderer Orientierung, wie mir. Auch ich lege einen weiteren Stein dazu und leiste so meinen Beitrag. Ein kleiner und kleinster Schritt, aber eben auch eine Herzensangelegenheit. Der oberste der Steine trägt das Zeichen, das diesen Weg als „Pilegrimsleden“ ausweist. Mit dem Selbstauslöser halte ich die Szene fest. Aber Fotos können immer nur die Oberfläche zeigen, die wirklichen Veränderungen finden in unserem Innern statt. Sie sind nicht festhaltbar und ständig im Fluss.

Ich bin wieder unterwegs, bin wieder Pilger. Erinnerungen aus dem letzten Jahr kommen hoch, die großen Gefühle, die die lange Pilgerreise damals begleiteten und die mein Leben so entscheidend verändert haben. Besser gesagt, die Haltung zu meinem Leben. Langsam folge ich dem Weg, der kaum als solcher zu erkennen ist. Mal kreuzen Spuren den Pfad, und ich weiß nicht, welchen Zeichen zu folgen ist. So gehe ich weiter, lasse mich führen vom Weg selbst. Die Richtung stimmt, da bin ich mir sicher. Auch in meinem Leben: die Richtung stimmt. An diesem ersten Abend auf dem Olavsweg sauge ich förmlich auf, was sich da präsentiert um mich herum. Wind und Wetter sind nur Beiwerk in einem Theaterstück, das sich vor mir präsentiert. Wer hat das so wunderbar inszeniert? Wer lenkt all das? Die Natur hat ihren Einfluss, aber da ist noch mehr. Spürbar nur für den, der sich einlässt auf die Situation, der nach innen horcht. Wie beim Gebet horchen, was da ist. An diesem Abend kommen Himmel und Erde für mich zusammen und ein Gefühl der vollkommenen Zufriedenheit breitet sich aus. Dann schmelzen ein paar Schneeflocken auf meinem Gesicht und schicken mich zurück in die warme Hütte. Morgen wird ein schöner Tag!

Nach einem guten Frühstück aus der Müslidose bin ich unterwegs. Das Wetter hat sich verändert, die Wolken sind etwas gestiegen und die Sonne reißt immer wieder ein Loch in das Grau. Dieses Sonnenloch wird mich den ganzen Tag begleiten. Vor und hinter mir toben sich heftige Schauer aus, ich aber wandere im Hemd. So ist das, wenn man im Namen des Herrn unterwegs ist.

Hier im Dovre Fjell hat der Frühling noch keinen Einzug gehalten. Allererste Blumen recken ihre Blüten in den Himmel. Sie schützen die Zartheit mit einem flauschigen Pelz gegen die Kälte. Einige wenige Vögel begleiten mich und singen ihr einfaches Lied. Zwei Schneehühner haben die weiße Pracht ihres Gefieders schon gegen das braune Sommerkleid getauscht und gucken gleichermaßen neugierig wie vorsichtig hinter den Felsen hervor, wer sich denn da durch das dichte Moos und die Flechten seinen Weg sucht. Ja, es ist wirklich eine Suche nach dem Weg, denn viele Abschnitte liegen immer noch unter hohen Schneedecken, und die Steinmännchen und Holzmarkierungen sind sehr spärlich verteilt. Ohne Karte und Kompass ist zumindest dieser Teil des Olavsweges nicht zu gehen. An vielen Stellen versperrt das Schmelzwasser den Weg. Eine Mischung aus Bergschuhen und Gummistiefeln wäre das Richtige. Die Norweger haben so etwas – Erfahrung eben.

Aber auch meine Wanderstiefel bewähren sich. Einmal breche ich in dem pappigen Schnee hüfttief ein und dann wieder scheine ich auf dicken Moosteppichen zu schweben und getragen zu werden. Helle Flechten und Rentiermoos bilden immer neue Muster, um dem Auge Vielfalt zu bieten. Ein Tag in dieser grandiosen Natur ist auch immer ein Jungbrunnen für die Seele.

Noch weiter im Norden bei Hjerkinn wartet die Eysteinkirche inmitten einer Tundralandschaft auf mich. Der Weg führt durch dichtes Birkenwerk, und auf dem nahen See treiben noch Eisschollen. Hier nennt sich die Strecke wieder „Gamle Kongsvegen“, also der alte Königsweg. Leider ist auch diese Kirche noch geschlossen und erst Ende Juni werden die ersten Pilgerveranstaltungen stattfinden. Niemand ist zu sehen, dem ich ein „god vei“ mit auf den Weg geben könnte. Wer hier pilgern möchte, der sollte nicht nur ein erfahrener Wanderer mit erstklassiger Ausrüstung sein, sondern auch ein starker Charakter. Die Etappen sind von der Wegstrecke und vom Höhenprofil her sehr anspruchsvoll. Die Versorgungsmöglichkeiten zeigen sich eher spärlich, und ohne Zelt (zumindest als Notunterkunft) wird man sich wohl kaum auf die Strecke machen können. Was müssen den Pilgern früher für Wagnisse und Gefahren gegenüber gestanden sein?

Diesen Gedanken früherer Pilger, die vor Jahrhunderten ihre Füße auf denselben Pfad setzten, hänge ich nach, jeden Schritt hier oben genießend. Ich muss mich nicht einer solch extremen Herausforderung stellen, kann heute teilhaben an der großen Faszination, die von diesem Pilgerweg ausgeht. Ein Gedanke geht mir durch den Kopf: Diese Stunden hier auf dem Olavsweg sind nur ein Augenblick in meinem Leben, nur ein Wimpernschlag, aber ein wichtiger!

Thomas Werner

„Der Vater gehet mit“
Unterwegs mit Gott

Kommt, Kinder, lasst uns gehen,
der Vater gehet mit;
er selbst will bei uns stehen
bei jedem sauren Tritt;
er will uns machen Mut,
mit süßen Sonnenblicken
uns locken und erquicken;
ach ja, wir haben's gut.

Gottes Dienst

Eines der eindrücklichsten Erlebnisse meiner einwöchigen Pilgerwanderung durch die schottischen Highlands war sicherlich der Gottesdienst am Gründonnerstag. Nach einem anstrengenden Wandertag kamen wir mit schmerzenden Füßen und qualmenden Socken am Ziel unserer Etappe an. Zunächst sollte es ein einfaches, aber nahrhaftes Essen geben, auf das wir uns nach stundenlangem Gehen und frischer Luft freuten wie auf ein Festmahl. Überhaupt waren die Mahlzeiten immer ein Höhepunkt des Tages. Es war eine eindrückliche Erfahrung, in einer Gruppe von dreißig Menschen, die im Lauf der Tage immer mehr zusammenwuchs, beim Essen und Beten ebenso wie beim Wandern Gemeinschaft zu erleben.

Als wir diesmal unsere bescheidene Unterkunft betraten, wurden wir allerdings zuerst mit einem dampfenden Becher Tee empfangen, eine wahrlich willkommene Begrüßung. Aber das war noch nicht alles: Der Geistliche, der uns auf dieser Reise begleitete, hatte Stühle im Kreis aufgestellt, und vor einem dieser Stühle sah ich eine Schüssel mit Wasser stehen. Auf einem Hocker lagen Handtücher.

Nach und nach kamen alle müden Wanderer an, ließen ihre Schuhe vor der Tür stehen, warfen ihre Rucksäcke ab und setzten sich zufrieden seufzend auf die Stühle. Und dann zogen wir alle unsere Socken aus und wuschen einander die Füße. Zum ersten Mal wurde für mich ganz praktisch nachvollziehbar, was für die Menschen im Orient zur Zeit

Jesu ein alltäglicher Brauch war: Bevor man sich zu Tisch begab, wusch ein Bediensteter den Gästen den Schmutz der Straße von den Füßen.

Im Johannesevangelium lesen wir, wie Jesus diesen Dienst an seinen Jüngern tut – die Arbeit eines Sklaven, vom Lehrer und Meister selbst verrichtet. Als mir an jenem Gündonnerstagabend die Füße mit warmem Wasser gewaschen und anschließend mit einem weichen Handtuch abgetrocknet wurden, empfand ich das als eine unglaubliche Wohltat, und ich tat das Gleiche gern für meine Nachbarin. Aber es war auch eine Erinnerung daran, dass Gott sich in seinem Sohn für uns erniedrigt, uns dient – und dass wir dazu berufen sind, einander zu dienen, wenn sich unsere Wege kreuzen.

Auf dem Weg nach Emmaus

Am gleichen Tag waren zwei von den Jüngern auf dem Weg in ein Dorf namens Emmaus, das sechzig Stadien von Jerusalem entfernt ist. Sie sprachen miteinander über all das, was sich ereignet hatte. Während sie redeten und ihre Gedanken austauschten, kam Jesus hinzu und ging mit ihnen. Doch sie waren wie mit Blindheit geschlagen, sodass sie ihn nicht erkannten. Er fragte sie: Was sind das für Dinge, über die ihr auf eurem Weg miteinander redet? Da blieben sie traurig stehen, und der eine von ihnen – er hieß

Kleopas – antwortete ihm: Bist du so fremd in Jerusalem, dass du als Einziger nicht weißt, was in diesen Tagen dort geschehen ist? Er fragte sie: Was denn? Sie antworteten ihm: Das mit Jesus aus Nazaret. Er war ein Prophet, mächtig in Wort und Tat vor Gott und dem ganzen Volk. Doch unsere Hohenpriester und Führer haben ihn zum Tod verurteilen und ans Kreuz schlagen lassen. Wir aber hatten gehofft, dass er der sei, der Israel erlösen werde. Und dazu ist heute schon der dritte Tag, seitdem das alles geschehen ist.

Aber nicht nur das: Auch einige Frauen aus unserem Kreis haben uns in große Aufregung versetzt. Sie waren in der Frühe beim Grab, fanden aber seinen Leichnam nicht. Als sie zurückkamen, erzählten sie, es seien ihnen Engel erschienen und hätten gesagt, er lebe. Einige von uns gingen dann zum Grab und fanden alles so, wie die Frauen gesagt hatten; ihn selbst aber sahen sie nicht.

Da sagte er zu ihnen: Begreift ihr denn nicht? Wie schwer fällt es euch, alles zu glauben, was die Propheten gesagt haben. Musste nicht der Messias all das erleiden, um so in seine Herrlichkeit zu gelangen? Und er legte ihnen dar, ausgehend von Mose und allen Propheten, was in der gesamten Schrift über ihn geschrieben steht. So erreichten sie das Dorf, zu dem sie unterwegs waren. Jesus tat, als wolle er weitergehen, aber sie drängten ihn und sagten: Bleib doch bei uns; denn es wird bald Abend, der Tag hat sich schon geneigt. Da ging er mit hinein, um bei ihnen zu bleiben. Und als er mit ihnen bei Tisch war, nahm er das Brot, sprach den Lobpreis, brach das Brot und gab es ihnen. Da gingen ihnen die Augen auf und sie erkannten ihn; dann sahen sie ihn nicht mehr.

Und sie sagten zueinander: Brannte uns nicht das Herz in der Brust, als er unterwegs mit uns redete und uns den Sinn der Schrift erschloss? Noch in derselben Stunde brachen sie auf und kehrten nach Jerusalem zurück und sie fanden die Elf und die anderen Jünger versammelt. Diese sagten: Der Herr ist wirklich auferstanden und ist dem Simon erschienen. Da erzählten auch sie, was sie unterwegs erlebt und wie sie ihn erkannt hatten, als er das Brot brach.

Lukas 24,13–35

In Gottes Nähe

Wie es heute den Städter, den Bewohner der Ebene ins Gebirge zieht, so treibt auch eine geheime Sehnsucht die besseren Geister empor über die Plattheit des Weltgetriebes zur Gottesnähe, über die Arbeitssorgen zur Ruhe des Gebets, über den zerstreuenden Genuss zur religiösen Vertiefung und Sammlung.

Carl Joseph Mausbach

Mit offenen Händen

Gnädiger Schöpfer, deine Hand ist weit geöffnet, um die Bedürfnisse aller lebenden Geschöpfe zu stillen: Lass uns immer dankbar sein für deine liebende Fürsorge, und gib, dass wir im Gedenken daran, dass wir eines Tages Rechenschaft ablegen müssen, treue Verwalter deiner guten Gaben sind. Durch Jesus Christus unseren Herrn, der mit dir und dem Heiligen Geist lebt und herrscht, ein Gott, von Ewigkeit zu Ewigkeit. Amen.

Aus dem Book of Common Prayer der Episkopalkirche

Eine geistliche Reise

Dass das Unterwegssein zu Fuß auch ein Sinnbild unserer Lebensreise sein kann, ist vielleicht an einigen Stellen schon deutlich geworden. Und seine Wanderung bietet dem Pilger auf besondere Weise die Gelegenheit, der eigenen Spiritualität nachzuspüren und neu (oder wieder) nach dem auf die Suche zu gehen, was ihn zu Gott hinzieht oder welche Fragen sich ihm in Beziehung auf das Leben als Christ stellen. Im Folgenden einige Gedanken, die hierbei als Anregung dienen können, je nachdem, wo man sich auf seiner geistlichen Reise gerade befindet:

→ Welche Rolle spielt Gott in meinem Leben? Ist er für mich ein schwer fassbares, vielleicht fernes Wesen oder ein personales, persönliches Gegenüber?

→ Wie kann ich mehr über Gott erfahren? Wie wirkt sich mein Wissen beziehungsweise meine Erfahrung auf mein alltägliches Leben aus?

→ Wo spüre ich im Leben göttliche Bewahrung? In welchen Situationen gibt mein Glaube mir Orientierung? Oder bin ich noch auf der Suche nach der Gewissheit, dass Gott mich liebt?

→ Verbringe ich im Alltag Zeit mit Gott? Wann bete ich und warum? Gibt es feste Zeiten, bestimmte Gewohnheiten oder Rituale für eine Beschäftigung mit dem Glauben und der Bibel?

→ Wie kann ich Christ sein in einer Welt, in der materielle Werte mehr zählen als selbstlose Liebe zu den Mitmenschen? Was kann ich von dem Vorbild Christi lernen?

→ Worauf gründet mein Selbstwertgefühl? Stehen für mich die eigenen Leistungen im Vordergrund oder fühle ich mich als Kind Gottes geliebt und wertvoll?

Eine Pilgerreise – ob über mehrere Tage oder Wochen in fernen Ländern oder in Form einer mehrstündigen Wanderung in der unmittelbaren Umgebung – kann ein guter Zeitpunkt sein, um über diese und andere Fragen nachzudenken und Klarheit über die eigene spirituelle Situation zu bekommen. Wer auf der Suche nach Orientierung ist, kommt so vielleicht dem Ziel näher, ein erfüllteres Leben zu finden.

Behütet

Denn er hat seinen Engeln befohlen,
dass sie dich behüten auf allen deinen Wegen,
dass sie dich auf den Händen tragen
und du deinen Fuß nicht an einen Stein stoßest.

Psalm 91,11–12

Beständig

Nichts soll dich ängstigen, nichts dich erschrecken.
Alles vergeht, Gott bleibt derselbe.

Teresa von Avila

„Wir gehen Hand in Hand“
Gemeinsam auf dem Weg

Kommt, Kinder, lasst uns wandern,
wir gehen Hand in Hand;
eins freuet sich am andern
in diesem wilden Land.
Kommt, lasst uns kindlich sein,
uns auf dem Weg nicht streiten;
die Engel selbst begleiten
als Brüder unsre Reihn.

Beziehungsarbeit zu Fuß

Wandern tut gut: dem Körper, dem Geist und der Seele. Man kann dabei frische Luft atmen, in Ruhe über manche Dinge nachdenken oder die Zeit in der Natur zum stillen Gebet nutzen, abseits von den Verpflichtungen des Alltags sich selbst finden.

Aber eine Reise zu Fuß kann noch mehr. Sie kann, wenn man sie mit Familie, Freunden oder Gemeindegruppe unternimmt, Verbindungen knüpfen, Beziehungen stärken, Blick und Herz für die Menschen an unserer Seite öffnen. Hier sind einige „positive Nebenwirkungen" einer gemeinsamen Wanderung:

→ Wer kennt das nicht: Der Alltag lässt kaum Zeit für ausgiebige Gespräche mit dem Partner, und auch am Wochenende gibt es zahlreiche Ablenkungen oder Dinge, die erledigt werden müssen. Paare, die sich bewusst Zeit nehmen und ihre Verpflichtungen für ein paar Stunden im wahrsten Sinne des Wortes hinter sich lassen, können ungestört miteinander reden – nicht nur über Organisatorisches, Kinder, Arbeit oder Gemeindeengagement, sondern über Träume und Ziele, über das, was ihnen wichtig ist im Leben, und über das, was ihre Beziehung fördert und ihre Liebe festigt.

→ Kleingruppen sind eine wichtige Säule von Kirche als Leib Christi. Bibelstudium und Gebetsrunden lassen im Glauben wachsen und stärken die Gemeinschaft untereinander. Doch auch in solchen Gemeindegruppen kann sich eine gewisse Routine einstellen, und oft bleibt bei allem

Engagement kaum Zeit für einen persönlichen Austausch. Eine Wanderfreizeit oder ein Pilgerwochenende können da eine Möglichkeit sein, bei der geistliche Impulse und fröhliche Gemeinschaft Hand in Hand gehen. Eine solche Wanderung macht auch ganz konkret deutlich, dass wir als Menschen und Christen einander brauchen und uns gegenseitig ermutigen können.

→ Auch für Kinder kann eine Wanderung eine tolle Erfahrung sein, wenn man sie ein bisschen gestaltet. Mit einem Pflanzen- oder Tierbestimmungsbuch lässt sich zum Beispiel mit kleineren Kindern die unmittelbare Umgebung erkunden. Oder man erzählt eine Geschichte in Etappen – je nach Alter der Kinder vielleicht auch aus dem Leben einer historischen Persönlichkeit wie Franz von Assisi oder Martin Luther. Für etwas ältere Kinder eignet sich das Geocaching, bei dem mit einem GPS-Gerät ein Schatz aufgespürt wird.

Lasten tragen

Wir sind Pilger auf dem Wege,
wandern ohne Ruh und Rast;
wollen helfen, das zu tragen,
was dem andern eine Last.

Ich will in der Nacht der Ängste
Christi Lichtstrahl für dich sein;
Reich dir meine Hand und lade
dich zu Gottes Frieden ein.

Wenn du weinst, will ich auch weinen,
lachen, wenn du fröhlich bist;
Freud und Kummer mit dir teilen,
bis der Weg zu Ende ist.

Richard Gillard

Ein guter Freund

September 2010. Wir waren auf dem nordenglischen „Coast to Coast"-Weg unterwegs, der auf etwa 300 Kilometern von der Küste von Cumbria im Westen bis hinüber nach Yorkshire zum Osten der Insel führt. Eine gute Woche hatten wir schon hinter uns, als wir Steve kennenlernten.

Es hatte den ganzen Tag wie aus Kübeln geschüttet, und wir hatten gerade frierend und gegen Sturmböen ankämpfend unser Zelt aufgebaut. Doch jetzt saßen wir in der Scheune, die den Reisenden auf diesem Fernwanderweg Schutz bietet, und waren froh, ein festes Dach über dem Kopf zu haben. Der Regen tropfte von unserer Kleidung, die wir an einer Wäscheleine aufgehängt hatten, während Wander-

Marienthaler
Quellwasser
für Pilger und Wanderer
zur Erfrischung
Trinkwasser

schuhe und Gamaschen sich in der Ecke stapelten. Wir hatten unsere Zweifel, dass sie bis zum Morgen trocknen würden, aber wenn man zu Fuß unterwegs ist, hat jeder Tag seine eigene Sorge und so genossen wir die wohlige Wärme, die das wundervolle Curry unserer Gastgeberin durch unsere müden Glieder strömen ließ. Vor uns hatten schon einige andere Wanderer vor dem Regen hier Zuflucht gesucht, und im Laufe des Abends gesellten sich weitere Neuankömmlinge zu uns. Einer von ihnen war Steve.

Als wir mit ihm ins Gespräch kamen, erfuhren wir, dass er schon häufiger längere Wanderungen unternommen hatte und bestens für alle Situationen gerüstet war. Statt sich hin und wieder eine Nacht in einer Pension zu gönnen, hatte er das eingesparte Geld lieber in eine professionelle Ausrüstung gesteckt und war jetzt mit ultraleichtem Zelt und wenigen, aber hochwertigen Sachen unterwegs. Auf diese Weise hatte er die britische Insel einige Jahre zuvor sogar von Nord nach Süd durchquert – das sind stolze 1900 Kilometer!

Steve war ein freundlicher, ausgeglichener Mensch, dem das schlechte Wetter eindeutig nicht die Laune verderben konnte. Während unserer Unterhaltung stellte sich irgendwann heraus, dass er, entgegen dem Anschein, nicht alleine unterwegs war. Steve begleitete Jim, einen Freund, der sich trotz seiner beinahe siebzig Jahre und angeschlagener Gesundheit einen Lebenstraum erfüllen wollte: Einmal auf den Spuren des großen englischen Naturfreunds Alfred Wainwright den berühmten „Coast to Coast"-Weg zu Fuß zurückzulegen.

Wir begegneten den beiden Freunden in den folgenden Tagen noch einige Male. Für Jim war jede Etappe eine echte Herausforderung, und es war beeindruckend zu sehen, wie Steve dem älteren Mann immer wieder Mut machte. Oft ging jeder in seinem eigenen Tempo, aber an schwierigen Stellen oder unsicherer Wegführung wartete Steve auf seinen Freund. Abends quartierte Jim sich in Hotels oder Herbergen ein, um sich von den Strapazen des Tages zu erholen, während Steve sein Zelt aufschlug und einen Campingkocher hervorholte. Ein ungewöhnliches Team!

Als wir am Ende unserer achtzehntägigen Wanderung am Zielort ankamen und das Logbuch aufschlugen, in das sich traditionell jeder erfolgreiche „Coast to Coast"-Wanderer einträgt, sahen wir die Namen von Jim und Steve untereinander stehen. Jim hatte sich seinen lang gehegten Wunsch erfüllt, und ich weiß nicht, ob er es ohne seinen treuen Freund geschafft hätte. Gute Freunde sind von unschätzbarem Wert, wenn man sich auf einen langen, beschwerlichen Weg begibt – auch wenn man noch keine siebzig ist.

Heimat

Wo befreundete Wege zusammenlaufen, da sieht die ganze Welt für eine Stunde wie Heimat aus.

Hermann Hesse

Gebet

Gott,
ich danke dir für meine Freunde;
für die Menschen, die mir immer wieder Mut machen
und mir aufhelfen, wenn ich gestolpert bin.

Danke für die Gelegenheiten,
bei denen ich selbst Freundin sein,
stärken,
Mut machen,
anspornen kann.

So wie meine Last leichter wird,
wenn ich sie mit anderen teile,
so will ich den Menschen an meiner Seite tragen helfen,
was sie belastet.
Auch wenn das mein Leben ein wenig schwerer macht.

Auf der Suche nach einem Weg

Der Pilger muss mit leichtem Gepäck reisen, sonst kommt er auf seinem Weg nicht voran. Seine Ausrüstung ist für die Reise ausgelegt und er füllt seinen Rucksack nicht mit unnötigen Habseligkeiten, die ihn nur aufhalten würden. Während er geht, entdeckt er andere Schätze, die ihm niemand nehmen kann: inneren Frieden, neue Sichtweisen, Freude an der Natur. Weil er in Bewegung ist, macht er neue Entdeckungen, und weil er nichts hat, kann er alles genießen. Wenn er Rast macht, gerät er immer in Versuchung zu bleiben und sich niederzulassen, die Rast zu verlängern, die Gemeinschaft noch ein wenig länger zu genießen. Wir sehen uns vielleicht nie wieder, warum also nicht noch verweilen? Er fängt an, sich mit diesen neuen Freunden eins zu fühlen. Doch wenn er sie verlässt, tut er das in dem Wissen, dass diese Einheit niemals zerstört werden kann. Alle Begegnungen haben ein ewiges Element in sich. Wir brechen reicher auf, weil wir einander begegnet sind, und nichts – nicht die Entfernung zwischen uns und noch nicht einmal der Tod – kann uns dieses Geschenk rauben, weil wir eins in Christus sind, selbst mit denen, die nicht an Christus glauben. Sie kennen ihn vielleicht nicht mit Namen oder können möglicherweise nicht über die Institutionen hinwegsehen, die seinen Namen tragen und die sie abschrecken.

Der Pilger möchte, dass diese Menschen durch die Oberfläche ihrer Gefühle und Eindrücke brechen und diese Sehnsucht erfahren, eins mit sich und der ganzen Schöpfung zu sein. Dies ist etwas, das wir nie erreichen werden, denn je mehr wir diese Sehnsucht erfahren, desto klarer wird uns, dass es noch mehr zu erleben gibt, und dann wollen wir noch weiter gehen. Alles im Leben – Essen, Trinken, Schlaf, Gedanken, Arbeit, vor allem Freundschaft – sind Schritte auf dem Weg zum Einssein mit unserem eigenen Wesen, mit jedem anderen Menschen und mit der ganzen Schöpfung, eine Sehnsucht, sich aufzulösen und im Herzen all dessen aufzugehen. „Wer sein Leben nicht verliert, wird es nicht finden."

Wenn wir Pilger sein wollen, dann müssen wir diese Einheit mehr als alles andere wollen, und wenn wir sie wirklich wollen, wird unser Leben von Offenheit und Anpassungsfähigkeit geprägt sein. Wenn wir uns von dem unergründlichen Gott leiten lassen, wird unser Leben ausschließlich in der Sicherheit verankert sein, dass wir auf geheimnisvolle Weise über uns selbst hinaus berufen sind. Diese Gewissheit im Glauben wird das Gegenteil von Dogmatismus sein. Gerade unser Glaube an Gott wird uns misstrauisch werden lassen gegenüber allen endgültigen Formulierungen unseres Glaubens, weil unser Glaube uns lehrt, dass Gott ein Gott ist, der immer wieder überrascht und der uns immer ein Rätsel bleiben wird.

Gerard W. Hughes SJ

„Man pflanze Lieb und Ruh“
Segen spüren und Segen sein

Sollt wo ein Schwacher fallen,
so greif der Stärkre zu;
man trag, man helfe allen,
man pflanze Lieb und Ruh.
Kommt, bindet fester an;
ein jeder sei der Kleinste,
doch auch wohl gern der Reinste
auf unsrer Liebesbahn.

Geh in das Land, das ich dir zeigen werde

Und der Herr sprach zu Abram: Geh aus deinem Vaterland und von deiner Verwandtschaft und aus deines Vaters Hause in ein Land, das ich dir zeigen will. Und ich will dich zum großen Volk machen und will dich segnen und dir einen großen Namen machen, und du sollst ein Segen sein. Ich will segnen, die dich segnen, und verfluchen, die dich verfluchen; und in dir sollen gesegnet werden alle Geschlechter auf Erden.

Genesis 12,1–3

Zuspruch

Der Segen hat im Alten Testament eine wichtige Funktion: Wenn Gott Menschen segnet, begabt er sie mit einer besonderen Kraft, er befähigt und ermutigt sie und gibt ihnen eine neue Perspektive. Der aaronitische Segen hat heute noch die gleiche Kraft wie zu der Zeit, als Gott Mose und Aaron den Auftrag gab, das Volk Israel mit folgenden Worten zu segnen: „Der Herr segne dich und behüte dich; der Herr lasse sein Angesicht leuchten über dir und sei dir gnädig; der Herr hebe sein Angesicht über dich und gebe dir Frieden“ (4. Mose 6,24–26). Gottes Segen spricht einen Frieden zu, der den ganzen Menschen im Blick hat – sein körperliches, seelisches und geistiges Wohlergehen.

Wie Mose damals können wir heute andere Menschen segnen, einander Gottes Segen zusprechen, was in der Tradition der Kirche oft mit einem Kreuzzeichen oder einer Handauflegung verbunden ist, als sichtbares Zeichen für den geistlichen Zuspruch und um die gesprochenen Segensworte zu unterstreichen.

Das Pilgern ist eine Erfahrung, die Körper, Seele und Geist betrifft. Gerade wer mehrere Tage oder gar Wochen unterwegs ist und mit körperlichen Beschwerden, schwindender Kraft oder Mutlosigkeit zu kämpfen hat, kann einen solchen Zuspruch wie den Segen besonders gut gebrauchen. Segen stärkt und erfrischt. Er gibt neuen Mut und trägt uns in schwierigen Situationen.

Wir können also auch einander auf dem Weg diesen Segen Gottes zusprechen. Machen wir uns gegenseitig Mut, indem wir den anderen mit Gott auf die nächste Etappe schicken, ihn dem göttlichen Schutz anbefehlen und ihm dadurch zum Segen werden.

Bedürftig

Es steht immer einer neben uns, der unsere Liebe braucht.

Segen konkret

Begegnungen sind ein wichtiger Aspekt des Unterwegsseins, wenn man zu Fuß geht. Wir haben dann Zeit, uns mit dem Menschen an unserer Seite – sei er uns vertraut oder fremd – zu beschäftigen. Wir kommen ins Gespräch, erzählen von uns und lernen den anderen besser kennen. Während wir so gemeinsam wandern, gibt es verschiedene Möglichkeiten, wie wir uns gegenseitig ein Segen sein, etwas Gutes tun können. Hier nun einige ganz konkrete Vorschläge:

→ Miteinander teilen, was wir als Wegzehrung haben: Den Tee aus unserer Thermosflasche an einem ungemütlich kalten Tag oder ein Stück Schokolade als Nervennahrung zwischendurch wissen erschöpfte Pilger zu schätzen.

→ Auf Mitwandernde warten, wenn sie langsamer sind als wir oder öfter Pausen einlegen müssen: Wenn wir uns zurücknehmen, weiß der andere sich verstanden und geschätzt.

→ Bei der Orientierung im Gelände helfen: Mit Karten, Kompass oder Kenntnis der Gegend können wir weniger Geübten unter die Arme greifen und uns selbst vergewissern, dass wir auf dem richtigen Weg sind.

→ Abgeben, was ein anderer nötiger braucht als wir: So erlebte zum Beispiel ein Freund, nachdem er auf einer mehrwöchigen Wanderung seine Brille verloren hatte, dass ein Mitwanderer ihm auf einem Berggipfel seine Lesebrille schenkte!

→ Dem Menschen neben mir zuhören, wenn er das Bedürfnis hat zu reden, oder gemeinsam schweigen: Sich in den anderen hineinzuversetzen und seine Bedürfnisse zu achten, ist ein vielleicht nicht sichtbarer, aber mindestens genauso spürbarer Ausdruck der Nächstenliebe.

→ Lasten mittragen: Wenn dem anderen der Rucksack zu schwer wird, können wir vielleicht eine Zeit lang etwas von seiner Last übernehmen oder ihm helfen, indem wir ihm einen Wanderstock ausleihen.

→ Auch seelische Lasten können wir möglicherweise tragen helfen: Je besser wir den anderen kennen, desto eher ergibt sich die Gelegenheit, den Nächsten auf diese Weise zu lieben und ihm ein Segen zu sein.

Anfangen

Gott, lass uns entdecken,
wo der Grund unserer Angst liegt –
aufzubrechen und etwas Neues zu wagen,
zu sagen, was an der Zeit ist,
mit dem zu beginnen,
wovon wir längst wissen: Wir sollten es tun,
zu lieben, auch ohne Netz und doppelten Boden.
Du musst uns anrühren, Gott,
damit uns die Augen aufgehen für die Fülle des Lebens.

Du musst uns anreden und Mut machen,
damit wir uns trauen,
unserer Sehnsucht zu folgen
nach einem Menschen wie Jesus, verborgen in uns.

Wolfhart Koeppen

Herzlich willkommen

Während unserer dreiwöchigen Wanderung quer durch den Norden Englands fand ich in einer kleinen Methodistenkapelle das folgende Schild:

Herzlich willkommen, liebe Besucher!
Unsere Kapelle bietet Ihnen die Gelegenheit, sich geistlich zu erfrischen, und wir geben Ihnen gleichzeitig die Möglichkeit, sich körperlich zu erfrischen – mit einer Tasse Tee.
Mögen Gott und seine Liebe mit Ihnen sein bis ans Ende Ihrer Reise.

Auf dem kleinen Tisch unter dem Schild standen Becher, ein Wasserkocher, mehrere Flaschen Wasser und eine Dose mit Teebeuteln, Zucker und Kaffeesahne – ein wunderbares Beispiel für konkrete Nächstenliebe!

Gott im anderen finden

Wenn ich zulasse, dass Christus mein Herz gebraucht, um meine Brüder und Schwestern damit zu lieben, dann werde ich bald entdecken, dass Christus, indem er in mir und durch mich liebt, auch in meinen Brüdern und Schwestern Christus ans Licht bringt. Und ich werde feststellen, dass die Liebe Christi in meinen Brüdern und Schwestern, indem sie mich wieder lieben, das Bild und die Wirklichkeit Christi in meiner eigenen Seele zum Vorschein gebracht hat.

Thomas Merton

Wanderersegen

Gott sei mit dir auf jedem Pass,
Jesus sei mit dir auf jedem Hügel,
der Geist sei mit dir auf jedem Fluss, jeder Landzunge,
jedem Gebirgskamm und jeder Wiese;
auf Meer und Land, auf Moor und Feld,
jedes Mal, wenn du dich niederlegst oder aufstehst,
im Tal der Wellen, auf der Höhe der Wogen,
bei jedem Schritt, den du auf dem Wege tust.

Keltischer Segen aus der Carmina Gadelica

„Ein Tag, der folgt dem andern“
Ein neues Zeitgefühl

Kommt, lasst uns munter wandern,
der Weg kürzt immer ab;
ein Tag, der folgt dem andern,
bald fällt das Fleisch ins Grab.
Nur noch ein wenig Mut,
nur noch ein wenig treuer,
von allen Dingen freier,
gewandt zum ewgen Gut.

Verstehen

Solange dir, mein Freund, im Sinn liegt Ort und Zeit,
So fasst du nicht, was Gott ist und die Ewigkeit.

Angelus Silesius

Zeit und Ewigkeit

Wer schon einmal einen ganzen Tag lang durch strömenden Regen gelaufen ist, hat eine Ahnung davon bekommen, was Ewigkeit ist – oder zumindest gefühlte Ewigkeit. Was jede Wanderung, nicht nur unter extremen Bedingungen, mit sich bringt, ist ein neues Zeitgefühl. Die Zeit vergeht langsamer, wenn wir zu Fuß unterwegs sind, und wir nehmen sie intensiver wahr.

Warum nicht einmal beim Gehen darüber nachdenken, was es bedeutet, ...

... den eigenen Atem zu spüren, wie er schneller oder ruhiger geht, die Kälte oder Wärme zu fühlen, den Wind und den Regen;

... einfach zu sein anstatt immer etwas zu tun, also nicht produktiv sein und etwas erreichen zu müssen, sondern dankbar empfangen zu dürfen;

... ganz bewusst einen Fuß vor den anderen zu setzen und langsam, Schritt für Schritt, voranzukommen – auf dem Weg unter unseren Füßen, aber auch auf unserem Lebensweg;

... Gleichförmigkeit nicht unbedingt als Langeweile zu erleben, sondern als ruhigen Puls, der das Gehen leichter macht;

... dem Tag- und Nachtrhythmus der Natur zu folgen anstatt dem Diktat von Kalendern und Uhren;

... Teil der Schöpfung Gottes zu sein, in der sich verschiedene Zeiträume widerspiegeln – von den Jahreszeiten über die Jahresringe eines Baumstumpfes bis hin zu geologischen Formationen.

Wegbegleiter

Auch in der Bibel geht es oft um das Thema Zeit und Ewigkeit – die folgenden Texte können als Anregung für eine meditative Wanderung dienen und angehende Pilger vielleicht über den Weg hinaus begleiten.

Ehe denn die Berge wurden und die Erde und die Welt
geschaffen wurden,
bist du, Gott, von Ewigkeit zu Ewigkeit.
Der du die Menschen lässest sterben
und sprichst: Kommt wieder, Menschenkinder!
Denn tausend Jahre sind vor dir wie der Tag, der gestern
vergangen ist,
und wie eine Nachtwache.
Du lässest sie dahinfahren wie einen Strom,
sie sind wie ein Schlaf,

wie ein Gras, das am Morgen noch sprosst,
das am Morgen blüht und sprosst
und des Abends welkt und verdorrt.

Psalm 90,2–6

Zum Laufen hilft nicht schnell sein, zum Kampf hilft nicht stark sein, zur Nahrung hilft nicht geschickt sein, zum Reichtum hilft nicht klug sein; dass einer angenehm sei, dazu hilft nicht, dass er etwas gut kann, sondern alles liegt an Zeit und Glück.

Prediger 9,11

Die Zeit ist kurz. Fortan sollen auch die, die Frauen haben, sein, als hätten sie keine; und die weinen, als weinten sie nicht; und die sich freuen, als freuten sie sich nicht; und die kaufen, als behielten sie es nicht; und die diese Welt gebrauchen, als brauchten sie sie nicht. Denn das Wesen dieser Welt vergeht.

1. Korinther 7,29–31

Du lässest Wasser in den Tälern quellen,
dass sie zwischen den Bergen dahinfließen,
dass alle Tiere des Feldes trinken
und das Wild seinen Durst lösche.
Darüber sitzen die Vögel des Himmels
und singen unter den Zweigen.

Du feuchtest die Berge von oben her,
du machst das Land voll Früchte, die du schaffest.
Du lässest Gras wachsen für das Vieh
und Saat zu Nutz den Menschen,
dass du Brot aus der Erde hervorbringst,
dass der Wein erfreue des Menschen Herz
und sein Antlitz schön werde vom Öl
und das Brot des Menschen Herz stärke.
Die Bäume des Herrn stehen voll Saft,
die Zedern des Libanon, die er gepflanzt hat.
Dort nisten die Vögel,
und die Reiher wohnen in den Wipfeln.
Die hohen Berge geben dem Steinbock Zuflucht
und die Felsklüfte dem Klippdachs.
Du hast den Mond gemacht, das Jahr danach zu teilen;
die Sonne weiß ihren Niedergang.
Du machst Finsternis, dass es Nacht wird;
da regen sich alle wilden Tiere,
die jungen Löwen, die da brüllen nach Raub
und ihre Speise suchen von Gott.
Wenn aber die Sonne aufgeht, heben sie sich davon
und legen sich in ihre Höhlen.
So geht dann der Mensch aus an seine Arbeit
und an sein Werk bis an den Abend.
Herr, wie sind deine Werke so groß und viel!
Du hast sie alle weise geordnet, und die Erde ist voll
deiner Güte.

Psalm 104,10–24

Reifen

Die Sonne, um die all die Planeten kreisen und von der sie abhängen, kann immer noch eine Traube Weinbeeren reifen lassen, als hätte sie im Universum nichts anderes zu tun.

Galileo Galilei

Haben Sie Zeit?

Haben Sie Zeit? Zeit haben heißt, eine Sache für wichtiger erachten als eine andere. Einen Tag urlangsam und ganz bewusst gestalten. Die Uhr vergessen, diesen Tyrann. Ruhen. Abschalten. Entspannen. Sich etwas gönnen. Atem holen. Zur Ruhe kommen. Die Stille vertiefen. Gut zu sich selbst sein. Zeit haben. Einen Film ansehen. Ein Gespräch genießen. Ein Gedicht lesen. Eine Partie Schach spielen. In einem Chor singen. Ein Konzert anhören. In einem Zoo bummeln. Ein Museum besuchen. Im Zirkus lachen und weinen. Brieftauben fliegen lassen. Am Motorrad schrauben. Briefmarken sammeln. Angeln. Ein Modellflugzeug bauen. In die Sterne gucken. Am Ufer dem träge wandernden Wasser nachschauen. Rosen züchten. Oder Kakteen. Zeit haben. Mitwirken. Sich einmischen. Etwas fertig bringen. Schöpferisch werden. Ein kleiner oder großer Gärtner sein. Töpfer. Bastler. Schauspieler. Maler. Fotograf. Filmer. Imker. Dichter. Tänzer. Dirigent. Und so Spaß gewinnen. Selbstwert erfahren.

Haben Sie Zeit! Sie ist nicht nur der wichtigste Rohstoff, wie der Lyriker Stanislaw Jerzy Lec findet. Sie ist Gottes Kredit an die Menschen. Ein Mensch, der keine Zeit hat, kennt auch kein Glück.

Hans-Albrecht Pflästerer

Gezeiten

Heute habe ich Zeit
Zeit für mich
Endlich

Morgen nehme ich mir Zeit
Zeit für andere
Endlich

Irgendwann wird es Zeit
Zeit für Gott
Unendlich

„So kommen wir nach Haus“
Das Ziel des Wanderns

Es wird nicht lang mehr währen,
halt noch ein wenig aus;
es wird nicht lang mehr währen,
so kommen wir nach Haus;
da wird man ewig ruhn,
wenn wir mit allen Frommen
heim zu dem Vater kommen;
wie wohl, wie wohl wird’s tun.

Das treibende Blatt

Vor mir hergetrieben,
Weht ein welkes Blatt.
Wandern, Jungsein und Lieben
Seine Zeit und sein Ende hat.

Das Blatt irrt ohne Gleise
Wohin der Wind es will.
Hält erst in Wald und Moder still ...
Wohin geht *meine* Reise?

Hermann Hesse

Gedanken auf dem Weg

Wer wandert, hat Zeit zum Nachdenken und die Gelegenheit, sich über einige grundsätzliche Dinge klar zu werden. Über Prioritäten und Zielsetzungen zum Beispiel. Oder über ungesunde Gewohnheiten, die durchbrochen werden müssen. Nicht umsonst treten viele Menschen die Reise zu Fuß an, weil sie das Gefühl haben, dass sich irgendetwas in ihrem Leben ändern muss.

Sicherlich hat jeder Mensch seine eigenen Anliegen, die ihn auf dem Weg begleiten, aber es gibt Themen, die sich wie ein roter Faden durch die Schar moderner Pilger ziehen.

→ Oft sind es Menschen in der Lebensmitte, die sich durch umfangreiche Verpflichtungen eingeengt fühlen, die durch jahrelanges Engagement in Beruf, Familie und Gemeinde ausgelaugt sind und sich dem steigenden Druck nicht länger aussetzen wollen. Zeit für sich selbst zu haben, gewinnt in einer leistungsorientierten Gesellschaft immer mehr an Bedeutung. Die Zeit des Wanderns kann man nutzen, um eigene, vom Alltag verschüttete Träume wieder ans Tageslicht zu holen und sich vielleicht sogar einen ersten, konkreten Schritt zu überlegen, den man tun möchte, wenn man wieder im Alltag angekommen ist.

→ Beim Wandern spürt man den eigenen Körper ganz neu und anders, als man es sonst in der gewohnten, meist bewegungsarmen Routine tut. Der Aufbruch zu einem Wanderabenteuer kann dabei ein Impuls sein, auch nach der Ankunft daheim ein „bewegteres" Leben zu führen. Längere Spaziergänge oder ein Nordic-Walking-Programm lassen sich in vielen Fällen ohne größere Schwierigkeiten umsetzen – und auch hier hilft es wie bei der Pilgerreise, sich gegenseitig zu unterstützen und anzuspornen.

→ Wenn man sie fragt, geben viele Pilger an, auf der Suche nach einem Sinn zu sein, nach etwas, das größer ist als sie selbst und ihre Sorgen des Alltags. Eine Pilgerreise kann ein guter erster Schritt auf dem Weg dieser Suche sein. Es ist jedoch wichtig, die Erkenntnisse, die man dabei gewonnen hat, in das tägliche Leben hinüberzuretten und ihnen weiter nachzugehen. In diesem Sinne ist das Unterwegssein, das Auf-der-Suche-Sein eine Lebenseinstellung.

→ Die Augenblicke der Stille, die eine Pilgerreise oder längere Wanderung immer wieder bietet, sind auch eine gute Chance, über die eigene Beziehung zu Gott nachzudenken. Man kann solche Gedanken zum Beispiel in einem Reisetagebuch festhalten, um später wieder dort anzuknüpfen, wenn man zu Hause ist. Möglicherweise gibt es ein besonderes Gebet, das sich auf dem Weg herauskristallisiert und das auch weiterhin den Alltag begleiten kann – egal, ob es sich dabei um einen Psalm handelt oder um eigene Worte. Es kann auch hilfreich sein, in regelmäßigen Abständen ein Wochenende einzuplanen, an dem man die Auszeiterfahrung des Pilgerns wiederholt.

Vom Weggehen und Wiederkommen

Als der Herbst kam und die Weintrauben auf der Laube reif und die Blätter am Birnbaum rot und gelb waren, da wurde Einer traurig.

Einer saß am Fenster und fror. Manchmal sagte er: „Alle Schwalben sind schon im Süden." Oder: „Bald wird es schneien." Dabei schaute er so unglücklich drein, dass es der kugelrunden Frau fast das Herz brach. Und weil sie kein gebrochenes Herz haben wollte, so packte sie eines Tages drei Vorratswürste ein und ein Dutzend Winterbirnen und ein großes Stück Käse in den Rucksack und sagte zu Einer: „Da! Schnall den Rucksack auf den Buckel und geh! Den Winter

über komme ich gut allein zurecht!" Und sie sagte: „Einer ist unglücklich, wenn er gehen muss, ein anderer ist unglücklich, wenn er bleiben muss." „Und du?", fragte Einer. „Ich gehöre zu denen, die gern bleiben", antwortete die kugelrunde Frau. Sie hielt Einer den Rucksack hin, und Einer schnallte sich den Rucksack auf den Buckel. „Bis zum nächsten Sommer", sagte er und ging.

Die kugelrunde Frau stand vor dem Haus. „Er kommt wieder", sagte sie, „er kommt ganz sicher wieder! Aber wenn man wiederkommen will, muss man zuerst einmal weggehen. Stimmt's?"

Christine Nöstlinger

Auf dem Wege

Ein Sklave in Damaskus hatte zeitlebens den heißen Wunsch, nach Mekka zu pilgern. Als er alt und gebrechlich geworden war, schenkte sein Herr ihm die Freiheit. Sogleich griff er nach seinem Stabe und wollte die Wanderung antreten. Aber nach den ersten Schritten schon brach er zusammen, vom Hauch des Todes angeweht. Mitleidige beklagten sein trauriges Schicksal; doch er verwies es ihnen mit den Worten: „Beneidet mich vielmehr; ich sterbe auf dem Wege nach dem Ziel meiner Sehnsucht."

Marie von Ebner-Eschenbach

Sehnsucht

Hätten die Nüchternen einmal gekostet, alles verließen
sie und setzten sich zu uns an den Tisch der Sehnsucht,
der nie leer wird.

Novalis

Der Blick nach oben

Wie lieb sind mir deine Wohnungen, Herr Zebaoth!
Meine Seele verlangt und sehnt sich nach den Vorhöfen
des Herrn;
mein Leib und meine Seele freuen sich
in dem lebendigen Gott.
Der Vogel hat ein Haus gefunden
und die Schwalbe ein Nest für ihre Jungen –
deine Altäre, Herr Zebaoth,
mein König und mein Gott.
Wohl denen, die in deinem Hause wohnen;
die loben dich immerdar.
Wohl den Menschen, die dich für ihre Stärke halten
und von Herzen dir nachwandeln!
Wenn sie durchs dürre Tal ziehen,
wird es ihnen zum Quellgrund,
und Frühregen hüllt es in Segen.

LANGTON
NORTHALLERTON 8
FOREST

Sie gehen von einer Kraft zur andern
und schauen den wahren Gott in Zion.

Psalm 84,2–8

Der 84. Psalm wird gelegentlich auch als „Wallfahrtspsalm" bezeichnet. Der Dichter richtet den Blick in die Zukunft, auf die Wohnungen, die ihm im Hause Zebaoths verheißen sind. Irgendwann, darauf vertraut er, werden die irdischen Schwierigkeiten vergessen sein, wenn er in den „Vorhöfen des Herrn" wohnen darf.

Doch das Leben vollführt nicht nur eine horizontale Bewegung, es hat auch eine vertikale Dimension. So ist der Blick nach vorne zugleich ein Blick nach oben. Das Ziel ist klar, aber der Weg dorthin ist nicht minder wichtig. Unser Leben hat jetzt einen Sinn, eine Bedeutung, eine spirituelle Facette, die entdeckt werden will und wachsen muss. Insofern sind die „Vorhöfe des Herrn" durchaus auch hier auf der Erde zu finden, und wir können Gottes Gegenwart und seine Kraft auf unserem Weg ganz konkret spüren.

Der Weg ist das Ziel

Nur aufs Ziel zu sehen, verdirbt die Lust am Reisen.

Friedrich Rückert

Unterwegs zum Ziel

Der Weg ist das Ziel – diese Redensart wird in vielen Zusammenhängen gebraucht. Wenn es um das Unterwegssein zu Fuß geht, können wir sie jedoch ganz wörtlich nehmen, denn beim Pilgern geht es nicht nur ums Ankommen, sondern um das Hier-und-Jetzt-Sein, das bewusste Wahrnehmen der Zeit, die wir auf dem Weg verbringen. Die Temperaturen, die müden Muskeln, der Durst oder auch die wohlverdiente Rast zwischendurch sind Teil dessen, was der Wanderer erlebt, und machen den Weg zu einem unvergesslichen Erlebnis.

Dabei ist der Blick des Wandernden natürlich auch auf das Ziel gerichtet. Das Gefühl, am Ende eines langen Wandertages die qualmenden Schuhe ausziehen zu können, ist ungeheuer befriedigend. Und wenn man dreihundert Kilometer zu Fuß zurückgelegt hat, ist die Freude zurecht groß. Aber was am Unterwegssein wirklich wichtig ist, ist der einzelne Augenblick, der im Gedächtnis bleibt; die Erkenntnis, dass wir Menschen Teil von Gottes wunderbarer Schöpfung sind; die Erfahrung, stark und schwach zugleich zu sein; das Wissen, dass die Begegnung auf dem Weg – mit Gott und den Menschen – nachhaltig verändert.

Dann kann man nach der Reise auch wieder nach Hause kommen, in den eigenen Alltag hinein, weil man um diese Erfahrung reicher ist. Weil man ehrfürchtiger geworden ist und ein bisschen demütiger. Vielleicht kann sich das auch auf die Menschen in unserer Umgebung auswirken.

Das Leben – ein Weg

Aufbrechen, unterwegs sein, ankommen –
mit diesen Worten kann man auch
das Leben Jesu beschreiben.
Nach seiner Taufe bricht er auf.
Er verlässt sein bisheriges verborgenes Leben.
Er geht vierzig Tage und Nächte in die Wüste.
Dann ist er unterwegs durch die Städte und Dörfer.
Und sein Tod am Kreuz lässt ihn ankommen
beim Vater im Himmel.

Jürgen Dittrich

Rast

Unser Vater erfrischt uns auf dem Wege mit angenehmen Gasthäusern, ermutigt uns aber nicht, sie für unser Zuhause zu halten.

C. S. Lewis

Anhang

Interessante Internetseiten

wanderbares-deutschland.de
wanderkompass.de
wanderforschung.de
fernwege.de
pilgerwiki.de
pilger-weg.de
pilgern-bewegt.de
evangelischepilgerwege.de
pilgerprojekt.de
auferstehungsweg.de
pilgern-im-pott.de
lutherweg.de
olavsweg.de
geocaching.de

Dies ist nur eine kleine Auswahl aus zahlreichen Webseiten rund um die Themen Wandern und Pilgern. Wer im Internet stöbert, wird schnell auf detaillierte Beschreibungen, weitere Wegstrecken und informative Foren stoßen.

Quellenverzeichnis

S. 21: Barth, F.K./Horst, P.: Gottesdienst menschlich, Jugenddienst Verlag, Wuppertal 2001 © FKBarth@t-online.de.
S. 28–31: Breitenbach, Roland: Der Weg nach innen/ Das Geschenk der Wüste, aus: ders.: Pilgern. Den eigenen Weg finden © Verlag Herder GmbH, Freiburg im Breisgau 2009, S. 31/S. 33.
S. 38f.: Hüsch, Hanns Dieter: Es kommt immer was dazwischen © Karl Blessing Verlag, München 1999, in der Verlagsgruppe Random House GmbH.
S. 49f.: Lukas 12,22–34: Gute Nachricht Bibel, revidierte Fassung, durchgesehene Ausgabe in neuer Rechtschreibung © Deutsche Bibelgesellschaft, Stuttgart 2000.
S. 53: Feigenwinter, Max: Ich will nicht zulassen, aus: ders.: Lass dir Zeit. Eine Einladung zum Verweilen © Verlag am Eschbach der Schwabenverlag AG, Eschbach/ Markgräflerland, 4. Auflage 2003.
S. 59: Hertzsch, Klaus Peter: Vertraut den neuen Wegen © Klaus Peter Hertzsch.
S. 60–67: Werner, Thomas: Pilgern auf dem Olavsweg in Norwegen © Thomas Werner.
S. 71–73: Lukas 24,13–35: Einheitsübersetzung der Heiligen Schrift © Katholische Bibelanstalt, Stuttgart 1980.
S. 77: Psalm 91,11–12: Lutherbibel, revidierter Text 1984, durchgesehene Ausgabe in neuer Rechtschreibung © Deutsche Bibelgesellschaft, Stuttgart 1999.

S. 81f.: Gillard, Richard: Will you let me be your servant © Scripture in Song 1977, Übersetzung: Dorothee Dziewas.
S. 86: Hesse, Hermann: „Aber wo befreundete Wege zusammenlaufen, da sieht die ganze Welt für eine Stunde wie Heimat aus.", aus: ders.: Demian, in: ders.: Sämtliche Werke, Band 3: Roßhalde, Knulp, Demian, Siddhartha © Suhrkamp Verlag, Frankfurt am Main 2003.
S. 88f.: Hughes SJ, Gerard W.: In Search of a Way. Two Journeys of Spiritual Discovery © Darton Longman and Todd, London, second edition 1986, Übersetzung: Dorothee Dziewas.
S. 92: Genesis 12,1–3: Lutherbibel, revidierter Text 1984, durchgesehene Ausgabe in neuer Rechtschreibung © Deutsche Bibelgesellschaft, Stuttgart 1999.
S. 96f.: Koeppen, Wolfhart: Gott lass uns entdecken © Wolfhart Koeppen.
S. 99: Merton, Thomas: The Power and Meaning of Love © SPCK Publishing, London 2010, Übersetzung: Dorothee Dziewas.
S. 103–106: Psalm 90,2–6; Prediger 9,11; 1. Korinther 7,29–31; Psalm 104,10–24: Lutherbibel, revidierter Text 1984, durchgesehene Ausgabe in neuer Rechtschreibung © Deutsche Bibelgesellschaft, Stuttgart 1999.
S. 108f.: Pflästerer, Hans-Albrecht: Langsamkeit © JS-Magazin.

S. 112: Hesse, Hermann: Das treibende Blatt, aus: ders.: Sämtliche Werke, Band 10: Die Gedichte © Suhrkamp Verlag, Frankfurt am Main 2002.
S. 114–116: Nöstlinger, Christine: Vom Weggehen und Wiederkommen, aus: dies./Janosch: Einer © Beltz & Gelberg in der Verlagsgruppe Beltz, Weinheim/Basel 2009.
S. 117–119: Psalm 84,2–8: Lutherbibel, revidierter Text 1984, durchgesehene Ausgabe in neuer Rechtschreibung © Deutsche Bibelgesellschaft, Stuttgart 1999.
S. 121: Dittrich, Jürgen: Das Leben – ein Weg © Lutherweg-Gesellschaft.

Trotz großer Sorgfalt konnten Herkunft und Rechte einiger Texte nicht geklärt werden; für Hinweise ist der Verlag dankbar.